SURFANDO NO LAQUÊ

Lucia Rito

SURFANDO NO LAQUÊ
BOAS MANEIRAS PARA JOVENS

Ilustrações de
POJUCAN

Rio de Janeiro – 1998

Copyright © 1998 by Lucia Rito

Direitos desta edição reservados à
EDITORA ROCCO LTDA.
Rua Rodrigo Silva, 26 – 5.º andar
20011-040 – Rio de Janeiro, RJ
Tel.: 507-2000 – Fax: 507-2244

Printed in Brazil / Impresso no Brasil

preparação de originais
LENY CORDEIRO

CIP-Brasil. Catalogação-na-fonte
Sindicato Nacional dos Editores de Livros, RJ.

R495s	Rito, Lucia Surfando no laquê: boas maneiras para jovens / Lucia Rito. — Rio de Janeiro; Rocco, 1998. 1. Etiqueta para a juventude. I. Título.
97-0261	CDD 395.123 CDU 395-053-6

SUMÁRIO

Agradecimentos 7
Introdução 9
  1 – Para que servem as boas maneiras? 11
  2 – Criando hábitos 15
  3 – O convívio social: como fazer amigos 21
  4 – À mesa, como convém 31
  5 – O menu, este desconhecido 41
  6 – Ida ao restaurante 49
  7 – Com que roupa eu vou? — O eterno dilema 59
  8 – Algo para os meninos 65
  9 – Noites inesquecíveis 69
10 – Lidando com situações difíceis 81
11 – Boas maneiras com seu corpo 87

AGRADECIMENTOS

Ao Jayme, Clarice, Susana, pelas boas risadas que demos enquanto *Surfando no laquê* era criado; as amigas Beatriz Horta e Patrícia Cavalcanti, leitoras de primeira hora, Thereza Caldas, Ana Duarte, Vivian Wyler e Pojucan.

Aos consultores:
Yolanda Fernandes, professora de comportamento; Rosane Otoch, consultora de moda e beleza; Pedro Otávio Britto Pereira e Alzira Britto Pereira, ginecologistas; e Evelyn Eisenstein, pediatra, fundadora da Metaclínica, Clínica de Adolescentes de Botafogo, pelas preciosas informações sobre saúde, prevenção e sexualidade.

INTRODUÇÃO

A gente pensa que sabe tudo da vida, até pagar o primeiro mico diante dos amigos, da família ou dos estranhos.

O mico tanto pode acontecer na mesa de um restaurante elegante, numa reunião social inesperada, num final de semana com amigos, ou mesmo na hora H, quando a gente está crente que está se dando bem com a namorada e se percebe sem a indispensável camisinha, ou com o chiclete grudado no lugar errado...

Boas maneiras? Etiqueta? Vida social? Por que se preocupar com temas aparentemente tão antiquados?

Por mais que a gente não ligue, que seja de outra época, anos-luz da caretice dos pais, descobre um belo dia que não pode ignorar as regrinhas básicas para sobreviver socialmente, sem traumas.

Não dá para negar que é difícil saber por onde começar.

Mas pensando bem, boas maneiras não é só saber o que vestir em cada ocasião, que talher usar para o peixe e a carne; como convencer o namorado de que usar camisinha é indispensável e algo tão saudável quanto trocar o hambúrguer e a batata frita de todo dia por uma salada light.

Boas maneiras significam aprender a viver bem em sociedade. Conhecer um conjunto de comportamentos que expressam, no dia-a-dia, como é a nossa relação com os outros, com a cidade em que vivemos, com o mundo.

São pequenos sinais que demonstram que você está antenado com o outro. Tipo não jogar papel no chão, não atravessar a rua fora do sinal, não fazer barulho depois das dez da noite, perturbando a vizinhança, não comer de boca aberta tanto um hambúrguer na lanchonete como um prato requintado em um restaurante sofisticado...

Nesse mundinho agitado, onde aprender as noções básicas de bem viver e adquirir o know-how necessário para um bom convívio social?

Na tevê nem pensar. Tudo acontece muito rápido, nem dá tempo para assimilar.

Quando se é adolescente, é difícil descobrir, na farta estante de livros do escritório dos pais, um título que não dê sono depois das primeiras cinco páginas.

Quem sabe, surfando na Internet, a imensa rede virtual de comunicação, se encontre alguém disponível do outro lado do mundo para trocar figurinha e tirar as mesmas dúvidas que temos nessa terrível faixa de idade?

Qualquer das alternativas acima parece viável, mas o que eu gostaria mesmo é que você abrisse o manual aqui e encontrasse respostas para suas indagações sobre comportamento social.

Em tempo: *Surfando no laquê* foi o título sugerido por uma das minhas filhas, a Clarice, num *brainstorm* realizado num jantar lá em casa para escolher o nome do livro.

Por que *Surfando no laquê*?

Ora, "porque laquê lembra coisa engomada", me respondeu ela, arrematando com a frase: "Surfando no laquê é a relação da juventude com a peruagem."

LUCIA RITO

1 PARA QUE SERVEM AS BOAS MANEIRAS?

Que nota você receberia dos amigos, da família e do namorado se tivesse de provar sua competência em uma matéria chamada convívio social?

Ao sair para jantar com os amigos num restaurante chique, na hora de partir o bife – vexame! Um pedaço escapa do garfo e voa em direção à sua vizinha, deixando imediatamente uma mancha de molho bem perto do decote da blusa nova que ela comprou.

Você foi visitar um amigo e, sem querer, esbarrou na jarra de vidro que a mãe dele comprou e trata como raridade. O vaso se espatifou no chão imediatamente, sem que você conseguisse agarrá-lo no ar, apesar do pulo que deu ao pressentir o desastre.

Essas situações surgem a todo momento. São pequenos escorregões que fazem parte da vida e nos deixam desnorteados, sem saber como agir. Mas há *n* maneiras de se sentir mais confortável depois de uma gafe destas. Pensar em como fazer para superar estas situações inesperadas pode ser um bom início para se sentir mais confortável no dia-a-dia.

O conceito de boas maneiras está diretamente relacionado às lembranças que acumulamos ao longo da vida e que ficam arquivadas no cérebro. Os comportamentos que vimos em nossa casa ou na casa de amigos, os registros obtidos através do que assistimos no cinema, na televisão, o que lemos em revistas, tudo isso vai formando um rico acervo de informações que utilizamos para facilitar nosso convívio social.

> **PERGUNTA CABELUDA**
>
> Eu não freqüento restaurantes elegantes, tenho hábitos muito simples. Boas maneiras não têm nada a ver comigo. Pra que serve um livro como este?
>
> **RESPOSTA** – Comer de boca aberta é horrível para quem está ao lado, tanto no Bob's como no restaurante do Copacabana Palace. *Surfando no laquê* fala sobre como se comportar em sociedade. Garanto que será útil quando você menos esperar.

Ao desenvolver sua capacidade de agir civilizadamente nas diversas situações do cotidiano, não tenha dúvidas: os benefícios serão visíveis.

Um exemplo bem simples. Olhando em volta, é fácil identificar que as pessoas que parecem estar à vontade entre amigos têm mais facilidade para conseguir o que querem do que aquelas que estão sempre isoladas e se mostram hesitantes e desastradas no convívio.

Bom humor também é fundamental. Procure enfrentar as eventuais dificuldades com mais otimismo. Quem vive reclamando da vida é logo considerado um "mala", torna-se inconveniente e acaba não conseguindo se impor e despertar a simpatia nos outros.

Esse exercício constante de bem viver inclui algumas mudanças de comportamento, como aprender a lidar com as próprias fraquezas, explorar suas qualidades e procurar entender os outros.

Não existem fórmulas e os conselhos podem parecer triviais. Mas falar baixo, lavar o rosto e escovar os dentes ao acordar; não sentar à mesa sem camisa; ceder a passagem na rua a uma pessoa mais velha;

desculpar-se quando esbarra nos outros; falar baixo no elevador para não incomodar são indícios positivos, de boa educação.

Há outras delicadezas que ajudam a incluir você no rol das pessoas bem-educadas. Não se esqueça, por exemplo, de usar sempre palavras como obrigado, desculpe e por favor. Procure lembrar quantas vezes ao dia você diz essas três palavrinhas – é incrível como aumentou o número de pessoas que as eliminou do dia-a-dia. E com isso se generalizou a falta de educação e de respeito aos outros.

O que se vê atualmente são pessoas impacientes, agressivas, que dizem palavrão a troco de nada. Uma simples mudança de comportamento faria com que a vida fluísse mais facilmente.

Polidez, gentileza, respeito ao próximo são hábitos que adquirimos em casa e precisamos preservar se pretendemos ter sucesso no convívio social.

Ao atender o telefone, por exemplo, seja sociável. Pergunte quem quer falar, dê bom-dia, seja afável. A pior coisa é atender a um telefonema e ouvir como resposta um grunhido ou uma ordem imediata para chamar seu filho (a).

CASCA DE BANANA

Quantas vezes não aconteceu de você estar falando com um amigo apressadamente ao telefone, querer desligar e a pessoa insistir em continuar falando? Como fazer para desligar e sair correndo, sem magoar quem está do outro lado?

SOLUÇÃO – Você não pode simplesmente se desculpar, bater com o telefone no gancho e sair voando para seu compromisso. É preciso ser gentil e ao mesmo tempo deixar claro que, naquele momento, não dá para continuar tagarelando.

CRIANDO HÁBITOS

Responsabilidade. Compromisso. Sensibilidade. Respeito. Conhecimento.

Só de ouvir dá arrepios, não é? O que estas palavras tão sérias significam para você?

São conceitos e hábitos que adquirimos com o passar do tempo, que moldam a nossa personalidade e se integram ao nosso comportamento.

Ao desenvolver progressivamente o seu senso de responsabilidade, compromisso, respeito e sensibilidade, você terá mais chance de perceber que seu know-how em boas maneiras aumentou incrivelmente.

Depois de responder o questionário abaixo, anote as perguntas às quais respondeu sim. Elas se referem a situações com as quais você ainda não aprendeu a lidar.

RESPONSABILIDADE

Você passa a noite falando no telefone com as amigas e fica terrivelmente preocupada com o dever de casa que foi deixado de lado?

Você cancelou o trabalho que tinha prometido fazer com uma amiga porque foi convidada para ir a uma festa-surpresa?

Você alguma vez concordou com seus amigos, apesar de não gostar do que eles estavam fazendo, só porque pensava que, se não o fizesse, poderia perdê-los?

Você diz a seus pais que vai dormir na casa de uma amiga e passa a noite numa discoteca, emendando com a praia e chegando em casa no dia seguinte para o almoço?

Tudo bem. Não precisa ficar chocado se respondeu sim a quase todas as perguntas. O importante é lembrar que, a partir de agora, faça o que fizer, é sempre você que vai sofrer as conseqüências de uma atitude estabanada. Por isso, pense bem antes de agir impulsivamente e fazer o que os outros mandam ou pensam, sem botar a cabeça para funcionar.

PACIÊNCIA COM OS PAIS

A princípio é sempre chato, quando se é adolescente, lidar com os pais. Mas pai e mãe são figuras fundamentais. Sem eles tudo seria mais difícil. O que é preciso é aprender como conviver com eles sem se estressar desnecessariamente. E a primeira dica é falar sempre a verdade. Comece por aí e você verá: tudo fica mais fácil.

A atitude certa é ouvir o que eles têm a dizer e apresentar seus pontos de vista com firmeza. Você acabará por convencê-los de que tem responsabilidade e terá passe livre para sair de casa sem se chatear. Assim como os amigos o respeitarão mais se você, de vez em quando, parar e raciocinar antes de tomar atitudes impensadas.

SENSO DE COMPROMISSO E RESPEITO PELOS OUTROS

Alguma vez interromperam seu telefonema entrando na extensão e reclamando em voz alta que já chega, que está na hora de parar de falar bobagem?

Você já convidou um amigo para ir a um restaurante caro, ignorando que ele não tinha como pagar a despesa dele?

Acontece com freqüência de você brigar com seus pais, começar a gritar e bater a porta do quarto na cara deles, sem terminar a discussão?

É comum marcar um cinema com os amigos e nunca chegar a um acordo sobre o filme a que vão assistir?

Você sempre deixa os outros esperando?

Costuma contar segredos dos amigos para os outros?

Costuma emprestar coisas que não são suas?

Você sempre desobedece às regras impostas pelos seus pais quando eles não estão por perto?

Ao pensar em desenvolver seu senso de compromisso, é preciso prestar atenção aos desejos do outro e procurar atendê-los caso seja do seu interesse manter algum tipo de relacionamento cordial com a pessoa envolvida. De preferência sem ir contra o seu próprio bem-estar, é claro.

Quando precisar tomar uma atitude que vai ter reflexos sobre outra pessoa, procure sempre, antes de agir, pensar nas mensagens que os outros estão passando. Um exemplo bem concreto: o que você faria ou como se sentiria se alguém da sua casa, ou mesmo um amigo seu, pegasse, sem a sua permissão, aquele seu par de tênis preferido, o CD do seu ídolo, ou aquela camiseta que você ganhou de sua garota ano passado? Pois é, pense em como você se sentiria desrespeitado se isso acontecesse e conte até três antes de seguir o impulso de pegar o moletom que sua irmã trouxe do Hard Rock Café na última viagem.

Aprenda também a pedir licença e contar até três antes de interromper quem está falando. Respeitar o outro é saber ouvir, e só falar quando sentir que não está interrompendo nenhum papo já iniciado.

SENSIBILIDADE

Quando você está zangada com sua irmã, aproveita para chateá-la falando sobre coisas de que ela não gosta?

Quando alguém fala na sala de aula uma besteira, você debocha na hora?

Quando você briga com um parente, diz para ele que gosta mais de um outro?

Costuma reparar e dizer para aquela sua amiga gordinha que, apesar da dieta, ela continua engordando?

Sensibilidade é uma qualidade rara e difícil de desenvolver, porque tem a ver com sentimentos, e os sentimentos são invisíveis.

> **PERGUNTA CABELUDA**
>
> Eu estava andando na rua e de repente esbarrei em uma senhora vindo em minha direção. Como estava com pressa, não esperei ela passar e me surpreendi ao vê-la me olhando com cara de desapontamento. Fui muito grosseiro?
>
> RESPOSTA – É claro, você foi muito mal-educado. Pelas regras da etiqueta, é fundamental dar passagem às pessoas mais velhas quando se cruza com elas na rua.

Uma maneira simples de agir com sensibilidade é prestar atenção aos pequenos detalhes que revelam como as pessoas são.

Uma pessoa gorda, por exemplo, e em constante dieta, certamente vai odiar falar sobre isso, ou dizer não àquele chocolate delicioso que você está oferecendo para ela.

É preciso pensar que as pessoas são diferentes umas das outras e o que é bom para você nem sempre é bom para o outro.

CONHECIMENTO

Você já se sentiu terrivelmente embaraçado num restaurante chique, sem saber se estava usando direito os talheres?

Ao ser apresentado a alguém, ficou num silêncio constrangedor depois de dizer alô?

Já desembrulhou um presente e teve de fingir que gostou, mesmo odiando?

Na hora de pagar o lanche, descobriu que a conta estava totalmente errada?

Boas maneiras envolve tudo o que escrevemos até agora.

Quando você tem respeito pelos outros e assume compromissos, é sinal de que é responsável, tem sensibilidade, e, é claro, está mostrando que tem know-how para se sair das situações inesperadas.

É incrível como o conceito de etiqueta mudou nos últimos anos. Por motivos variados. A chegada das mulheres ao mercado de trabalho, por exemplo, causou profundas transformações nas relações sociais.

Em alguns casos estas mudanças prejudicaram as mulheres. Os homens perderam o hábito de ser gentis ao encarar as representantes do "sexo frágil" como concorrentes. Isso fez com que hábitos delicados – como o de abrir a porta do carro, dar lugar para as representantes do sexo feminino em uma condução, ou mesmo ceder passagem na rua – fossem esquecidos.

Ponto perdido para ambos os sexos!

O CONVÍVIO SOCIAL: COMO FAZER AMIGOS

Não há nada melhor do que ter amigos. Embora não seja fácil encontrar um. Não só os adolescentes, mas muitos adultos têm dificuldades para iniciar uma conversa e fazer amigos. É difícil encontrar alguém com quem possamos abrir a cabeça, o coração e sentar para falar o que der vontade.

A gente quer encontrar alguém para falar todas as besteiras que pintarem, ou mesmo ficar do lado, sem falar nada, se entendendo só com o olhar.

Mas, como cada pessoa tem dificuldades e desejos próprios, até aparecer alguém mais legal, fica-se muito tempo sozinho, grilado.

Como parecer mais sociável e conquistar amigos?

Essas palavras que os pais vivem repetindo – compromisso, sensibilidade, respeito, responsabilidade – parecem não ter nada a ver com o nosso vocabulário, mas, na hora em que a gente se sente sozinha e quer fazer um amigo, percebe como são importantes. É aí que entram as boas maneiras para nos ajudar a criar laços. A descobrir que, para manter amigos, precisamos desenvolver nossas próprias noções de respeito, sensibilidade, lealdade, confiança, sinceridade.

CASCA DE BANANA

Você está indo para a escola depois de ter passado a madrugada toda estudando para a prova de matemática. Encontra um amigo no caminho e diz para ele que estudou tanto que tem certeza de que vai se dar bem. O amigo reclama que não fez o mesmo e vai se dar mal se você não der cola para ele na prova. O que fazer?

SOLUÇÃO – É claro, você dá cola como todo mundo, mas será que não é uma boa dar um toque no seu amigo, dizendo que ele está marcando bobeira e que agindo assim vai sempre ficar para trás?

Quando finalmente a gente arruma um amigo, é preciso usar todo o nosso jogo de cintura social para manter a amizade.

ALGUMAS IDÉIAS QUE AJUDAM A MANTER A AMIZADE:

- esqueça a palavra obrigação. O sentimento que o une a um amigo passa longe dessa sensação. Amizade significa prazer de estar junto, de conviver, portanto não procure um amigo se não estiver com vontade de estar com ele.
- ligue sempre para contar as novidades.
- não se esqueça de manter a data do aniversário na agenda para ligar, aparecer e presentear com qualquer coisa que tenha a ver com ele (a).
- de vez em quando mande um presentinho, mesmo que seja o guardanapo novo do McDonald's ou um copinho da Coca-Cola.
- esteja pronto (a) para defendê-lo (a) sempre que pintar uma rixa no grupo.
- procurar ajudar quando a situação em casa ou na escola ficar difícil.
- aceitá-lo (a) como é. Se você não gostar do jeito dele(a), é melhor se afastar e não insistir em mudá-lo(a).

- só falar em assuntos íntimos se ele (a) puxar papo.
- não contar para os outros o que ele (a) lhe contou em segredo.
- compartilhar com ele (a) tanto os bodes como os sucessos e as coisas boas.

Amizade é sinônimo de atenção. Se você sente prazer ao lado de uma pessoa, não vai se importar de cercá-la de cuidados. Veja no inventário abaixo como anda sua relação com os amigos.

> **PERGUNTA CABELUDA**
>
> Tem uma menina que se diz muito sua amiga, mas nunca aceita seus convites para sair. Parece que só se aproxima quando interessa a ela. Como saber se é uma amizade confiável?
>
> **RESPOSTA** – Bem, amizade é uma estrada de mão dupla. Se ela nunca está disponível quando você requisitar, você até pode insistir um pouco mais na relação, mas periga ficar capenga.

Depois de responder ao teste, veja quantos pontos fez. A cada uma que a resposta for "normalmente" você merece um ponto, e as que tiveram "quase nunca" como resposta têm dois pontos.

PROVA DOS NOVE

- **Aceitação**

    Você deixa seus amigos terem sua própria opinião, e tomarem decisões, mesmo que sejam desagradáveis para você?

    Normalmente ☐   Quase nunca ☐

- **Paciência**

    Você permite que seus amigos falem sobre seus problemas quando estão aborrecidos, mesmo quando está a fim de conversar sobre outras coisas?

Normalmente ☐   Quase nunca ☐

- **Lealdade**

Você consegue felicitar seu amigo por algo que ele conseguiu conquistar, mesmo que esteja se sentindo péssimo?

Normalmente ☐   Quase nunca ☐

- **Honestidade**

Se um amigo lhe faz uma pergunta você diz a verdade, mesmo que saiba que ela não corresponde exatamente ao que ele quer ouvir?

Normalmente ☐   Quase nunca ☐

- **Sacrifício**

Você alguma vez se sacrificou por um amigo?

Normalmente ☐   Quase nunca ☐

- **Sensibilidade**

Se um amigo conta que está passando por uma dificuldade você consegue se segurar e não contar a boa notícia que aconteceu com você?

Normalmente ☐   Quase nunca ☐

- **Força**

Seu amigo está passando por um período complicado em casa. Você é capaz de ficar ao lado dele, sabendo que serão tempos difíceis?

Normalmente ☐   Quase nunca ☐

- **Compromisso**

    Você é capaz de abrir mão de um programa se seu amigo não estiver com disposição para fazê-lo?

    Normalmente ☐   Quase nunca ☐

- **Lealdade**

    Você é capaz de permanecer fiel ao seu velho amigo se começar a ficar muito popular na turma?

    Normalmente ☐   Quase nunca ☐

- **Confiança**

    Você é capaz de guardar um segredo que acabou de saber?

    Normalmente ☐   Quase nunca ☐

- **Identificação**

    Você pensa sobre o problema que está atingindo seu amigo, mesmo que ele não esteja a fim de discuti-lo com você?

    Normalmente ☐   Quase nunca ☐

- **Compartilhar**

    Você convida seu amigo para dividir com você as coisas boas da vida, da incrível sobremesa a um grande livro ou filme?

    Normalmente ☐   Quase nunca ☐

- **Compreensão**

    Quando um amigo seu está aborrecido e sensível e começa a chorar perto de você, você o consola?

Normalmente ☐   Quase nunca ☐

- **Confiança**

Se você marca um compromisso com um amigo chega na hora?

Normalmente ☐   Quase nunca ☐

TOTAL DE PONTOS

Se o seu total ficou entre 10 e 14 pontos, você é realmente um bom amigo, mas não vá se descuidar por causa disso. Continue atento, ninguém é perfeito.

Se você fez entre 8 a 10 pontos, é um bom amigo, mas em algumas áreas precisa ser mais afetuoso.

Se você fez menos que 8 pontos, precisa prestar mais atenção às pessoas para manter suas amizades.

CASCA DE BANANA

Você tem uma amiga que vive pedindo dinheiro e roupas emprestadas. Já lhe deve R$ 20,00 e está com a sua calça jeans e dois moletons há três meses em casa. Mesmo assim, não se emenda e acabou de pedir emprestado o vestido de crepe e mais R$15,00. O que fazer nessa situação?

SOLUÇÃO – Bem, se você tem dinheiro sobrando e se mais cinco ou menos cinco não vão fazer nenhuma falta, pode emprestar de novo. Mas, mesmo nesse caso, tente saber qual o prazo que ela precisa para devolver o dinheiro. Isso vai ajudá-la a entender que não está agindo direito.

Em relação à roupa, procure só emprestar uma nova quando ela devolver as que estão emprestadas. Não é nada demais cobrar. Afinal, amizade pressupõe lealdade, confiança, sinceridade.

CASCA DE BANANA

Aquela sua amiga gordinha acabou de comprar uma roupa nova e pede sua opinião sobre ela. Você achou que não ficou nada bem, bolinhas definitivamente engordam. Mas como dizer isso a ela, sem magoá-la?

Você não pode simplesmente dizer que ela parece mais gorda. Pergunte primeiro se ela ganhou o vestido da mãe.

SOLUÇÃO – Se a resposta for afirmativa, é fácil. Diga com ar de sabe-tudo: "As mães da gente às vezes não entendem nada mesmo, acho que você tem roupas mais interessantes. Como aquele vestido azul, por exemplo."

Se foi ela mesma quem comprou a roupa, lamente e se ofereça para ajudá-la a trocar a peça por outra que realce suas qualidades. E, não esqueça, quando chegarem na loja não comece a experimentar roupas. O dia é da sua amiga, cuide dela.

A LINGUAGEM DO CORPO

Amizade é sinônimo de conversa fiada, embora em alguns momentos não seja nem preciso falar. Uma das minhas filhas, por exemplo, tem uma amiga há mais de dez anos. Estudaram juntas, se separaram e agora, embora estudem em colégios diferentes, mantêm-se muito unidas, porque as famílias moram no mesmo prédio. Outro dia as duas estavam conversando na varanda de casa e minha filha se saiu com a seguinte frase: "Pois é, mãe, eu nem preciso mais falar com a Lara. A gente se conhece há tanto tempo, viveu tanta coisa junto, que se entende só pelo olhar."

O corpo também emite sinais que indicam se a gente está ou não agradando. É possível falar com os olhos, com a cabeça, com a cintura.

A maneira de cumprimentar os outros com a cabeça, por exemplo, diz muita coisa. O cumprimento com a cabeça vem do Oriente e significa que, ao curvarmos a cabeça para cumprimentar alguém, estamos oferecendo ao outro o melhor de nós mesmos. Isto porque, para os orientais, o que o homem tem de melhor – a sensibilidade, a inteligência, o raciocínio, a sensualidade – está na cabeça.

Então olhe lá, ao cumprimentar seu amigo, procure passar uma sensação de calor e simpatia. Já ajuda um bocado.

COMO AGIR AO SER APRESENTADO A ALGUÉM

Nesta hora é bom conhecer algumas regrinhas básicas:
- os mais moços, por exemplo, devem sempre ser apresentados primeiro aos mais velhos.
- assim como os homens às mulheres.
- os que ocupam posições inferiores aos que ocupam posições superiores.
- deve-se sempre dizer o nome completo da pessoa quando for apresentá-la a alguém.

Outra dificuldade muito comum é se enturmar e puxar um papo. Nem sempre a gente se sente à vontade quando é apresentado a um desconhecido. Conhecendo algumas atitudes e dicas, fica mais fácil entabular uma conversa:
- procure sempre olhar nos olhos da pessoa com quem está conversando para mostrar que está interessado.
- não olhe com cara aborrecida quando alguém começa um papo, parece que você não está nem aí para o que estão falando.

> **PERGUNTA CABELUDA**
>
> **Na minha praia não existe essa de apresentação – disse uma amiga. – A gente vai se chegando e pronto, quando vê já está conversando com o carinha ao lado.**
>
> **RESPOSTA** – E se você estiver numa festa conversando com alguém e chegar um outro amigo que não conhece a pessoa com quem você está falando? Você vai deixá-lo com cara de bobo, esperando uma dica para encaixá-lo no papo, ou vai apresentá-lo como um amigo?

- quando estiver em uma reunião, mantenha o corpo relaxado e demonstre que está receptivo a um bom bate-papo.
- faça perguntas para estimular uma conversa. Por exemplo, se seu amigo estiver segurando uma bola de basquete, uma raquete de tênis, ou mesmo vários CDs, comece perguntando se ele é fissurado em tal atividade. Mas não deixe à resposta morrer em sim ou não, faça com que o papo se desenvolva, permitindo que vocês fiquem mais íntimos.
- procure não fazer perguntas sobre coisas e fatos negativos que aconteceram, a não ser que sinta que o seu amigo quer falar sobre eles.
- quando apresentar um amigo ao outro, fale algo sobre o que ele gosta para provocar um papo imediato. Tipo: "A Rose é fã do Pearl Jam, conhece todos os discos dele..."
- procure ouvir o que os outros estão falando, sem interrupções. Cada pessoa tem o seu ritmo próprio e o direito de expressar sua opinião.
- não espere concordar com tudo que os outros falam. Muitas vezes nossos melhores amigos são aqueles que pensam totalmente diferente de nós e por isso mesmo enriquecem tanto um relacionamento.

CASCA DE BANANA

Você entra na lanchonete do colégio e encontra um grupinho de amigos conversando. Quando percebem que você chegou, eles param de falar imediatamente. É claro que deviam estar falando de você. Que chato! Mas não desista. Pergunte brincando se está interrompendo algo, ou se o assunto é particular. Se eles forem seus amigos mesmo, vão incluir você no papo, ou não, se estiverem falando algo só deles.

SOLUÇÃO – Se o grupo não for de amigos, você pode se safar do constrangimento dizendo: "Puxa, desculpem, eu não queria interromper." Você se sentirá mais forte porque não se deixou intimidar!

Também é bom não esquecer que, por mais que a gente seja amiga de uma pessoa, ela sempre poderá nos decepcionar. As pessoas mudam, o tempo passa e, dependendo das escolhas que fazemos e dos lugares que freqüentamos, vamos mudando também. Às vezes alguém que foi um grande amigo acaba se distanciando de nós sem um motivo real e aparente. Conte nos dedos quantos amigos você manteve nos últimos cinco anos. Se forem mais de três, parabéns, você é um felizardo.

PERGUNTA CABELUDA

Eu estava falando com uma amiga gordinha sobre uma outra também muito gorda. Não resisti e fiz comentários maldosos sobre os eternos regimes. Ela me olhou zangada e saquei que tinha me dado mal. Por que é tão difícil conviver com gente gorda?

RESPOSTA – Se você é magra, às vezes é impossível resistir a comentários desse tipo, mas se a garota for sua amiga vai entender e deixar para lá. Peça desculpas que fica mais fácil recomeçar o papo.

À MESA, COMO CONVÉM

Não há quem não fique apreensivo na hora de sentar na mesa de um restaurante ou um jantar com os amigos. Será que vou dar vexame? Vou saber usar direito os talheres, os copos? Como fazer para não parecer caipira e demonstrar que sei me comportar à mesa? Não custa nada aprender como se deve fazer com o básico.

COMO SENTAR À MESA

Se você é convidado para um jantar na casa de alguém, espere que o anfitrião indique o lugar onde você vai sentar. Os homens devem ajudar a mulher que está ao lado na hora de sentar, puxando-lhe a cadeira gentilmente. Caso não goste do lugar que foi designado para você – a(o) garota(o) do outro lado da mesa parece bem mais interessante —, resigne-se. É a maior falta de educação querer trocar um lugar previamente estabelecido. Agüente firme e espere até o final da refeição para se aproximar de quem você achou tão interessante.

A distribuição certa das pessoas numa mesa de jantar muitas vezes determina o sucesso da noite. Além das afinidades entre as pessoas, há algumas convenções que devem ser seguidas.

Primeiro o anfitrião deve sentar sempre em frente à anfitriã. As regras tradicionais de etiqueta indicam que os donos da casa se sentam nas extremidades opostas da mesa, mas eles podem muito bem ocupar os lugares centrais, mais próximos dos convidados. À direita da anfitriã fica o convidado de honra e à direita do anfitrião a convidada de honra. Depois é só distribuir os outros convidados tomando o cuidado para intercalar homens e mulheres.

Quando o jantar é maior e mais formal, usam-se cartõezinhos com os nomes do convidados, facilitando a vida de todo mundo.

REGRAS BÁSICAS PARA NÃO DAR VEXAME À MESA

- Quando for comer um bife, corte um pedaço de cada vez. Jamais corte o bife inteiro. Somente depois de comer um pedaço é que se deve cortar outro.
- Nunca use os dedos para empurrar a comida para o seu garfo, a menos que esteja comendo pizza. Use a faca para ajudá-lo.
- Sempre leve a comida à boca. Nunca abaixe a cabeça em direção à comida ou à bebida. Você corre o risco de parecer um pássaro.
- Nunca coloque os cotovelos em cima da mesa enquanto estiver comendo. Mantenha-os junto ao corpo. Não os deixe muito afastados, porque não só incomodará o vizinho, como irá parecer levantar vôo.

CASCA DE BANANA

Você saiu para jantar com os pais de um amigo, começou a falar de boca cheia e acabou derrubando um pouco de comida no prato. Seu amigo começou a rir e você não sabia o que fazer para consertar a gafe.

SOLUÇÃO – Bem, primeiro reconheça que o comportamento social de seu amigo não é dos mais aceitáveis e em seguida peça desculpas pelo que aconteceu.

- Respeite seus companheiros de mesa e jamais coma de boca aberta.

ITENS ESPECIAIS

Há comportamentos específicos em relação a alguns itens comuns nas refeições, mas especiais em termos de comportamento.

Saladas, por exemplo

Geralmente são servidas como entrada. Se for uma refeição mais formal, será colocado na mesa um garfo especial para a salada. Nesse caso, quando terminar, é só deixar o garfo no prato para ser retirado pelo garçom. Mas muitas vezes a salada é servida ao longo da refeição principal. Nesse caso, você poderá usar o mesmo garfo para degustá-la.

Pão com manteiga

Use a faquinha para a manteiga – que quase sempre vem num prato pequeno colocado no lado esquerdo do seu prato principal – para cortar o pão. Ainda com a faca, coloque no seu prato um pouco da manteiga que vem para todos. Se não houver um prato do seu lado, pode deixar o pão sobre a toalha da mesa mesmo. Mas nunca use a mesma faca da comida para passar manteiga no pão.

PERGUNTA CABELUDA

Como fazer para avisar minha amiga que ela está com um pouco de molho no queixo, sem deixá-la embaraçada na frente dos amigos?

RESPOSTA – Procure chamar sua atenção com os olhos, ou passe seu guardanapo no queixo. Pode ser que a mímica funcione e ela perceba que precisa fazer o mesmo.

Mostarda, catchup, geléia, manteiga, açúcar e outros extras

Normalmente esses acompanhamentos são servidos num recipiente à parte, com colher e faca especiais. Não use seus talheres para se servir de molho ou de outros acompanhamentos. Use o talher próprio de cada molho. É terrível encontrar a colher da mostarda com marcas de catchup!

Caroços e espinhas

Caso você sinta que tem uma espinha ou um caroço de azeitona na boca, não use seus dedos para retirá-los. Mantenha sua boca fechada, traga o garfo para perto e coloque com a língua a espinha ou o caroço no garfo. Depois procure colocá-los discretamente no pratinho do pão, ou, se não tiver prato de pão, do lado do prato.

Sopa

Nunca sopre a sopa se ela estiver muito quente. Espere um pouco para tomá-la. Não faça barulho de maneira alguma. Quando acabar de tomar, coloque a colher ao lado no prato que vem acompanhando a tigelinha da sopa. Se não vier prato, deixe a colher dentro da tigela.

Pêra, maçã e banana

Dependendo de como vêm à mesa, podem ser comidas com garfo e faca no estilo europeu, ou com a mão mesmo.

Alcachofra

Para ser comida com a mão. Cada folha deve ser retirada com os

---

CASCA DE BANANA

Você está cortando a cenoura e ela pula para o meio da mesa.

SOLUÇÃO – Não use seus dedos ou o garfo para pegá-la de volta. Use sua faca de manteiga e recoloque o pedaço no pratinho ao lado.

dedos e embebida no molho antes de se saborear a parte interior e macia. Depois das folhas, chegou a vez do coração da alcachofra. Ele deve ser cortado em dois pedaços e comido com o garfo, depois de lambuzado no molho.

Escargots

Escargots são servidos em sua própria concha e devem ser comidos com o garfo e o auxílio de um objeto especial para segurar o caramujo. Quem viu o filme *Uma linda mulher*, com Julia Roberts, riu um bocado ao vê-la tentar usar o tal objeto: o escargot voou longe. Enquanto se segura a conchinha com o aparelhinho, puxa-se a carne com o garfo. Caso queira experimentar o líquido deixado pelo molusco na sua casca, espete pequenos pedaços de pão no garfo e use-os para pegar o líquido.

Espaguete

Nunca corte o macarrão. Você deve enrolar o macarrão cuidadosamente no garfo e só então colocá-lo na boca. Pode-se usar ainda uma colher para ajudar a enrolar a massa no garfo.

Talheres

Os talheres sempre devem ser usados de fora para dentro e quando existem vários é porque mais de um prato será oferecido.

Há um talher para cada tipo de prato e geralmente eles são colocados na seqüência certa: do lado esquerdo fica o primeiro garfo, o menor, usado para o peixe, assim como a faca barri-

---

PERGUNTA CABELUDA

No meio do jantar comecei a soluçar, e, por mais que me esforçasse, não conseguia parar. O que fazer numa situação dessas para não dar vexame?

RESPOSTA – Primeiro procure manter a boca fechada para o som do soluço diminuir. Depois tome um pouco de água após o último soluço e espere passar.

Se os soluços persistirem, talvez o melhor seja ir ao banheiro para evitar chatear os vizinhos de mesa.

gudinha, enquanto os talheres que ficam junto ao prato são para carne ou galinha.

Acima do prato principal ficam os talheres de sobremesa – a faca sempre com a lâmina junto ao prato e o cabo do lado direito e o garfo ao contrário.

Além do prato e do guardanapo (que deve ficar do lado direito), uma mesa convenientemente arrumada tem copos para água, vinho tinto, vinho branco e até champanhe. Os copos são colocados em ordem decrescente, da esquerda para a direita, do lado direito e um pouco acima do prato.

Muita gente ainda coloca um pratinho para o pão no lado oposto dos copos, acima à direita, com uma faquinha para a manteiga.

Guardanapos

Peças essenciais na mesa, eles podem ser colocados junto com os talheres à esquerda do prato, dentro dos copos como se fossem flores ou ainda no centro do prato de jantar como se fossem um enfeite. O que é proibido é esquecê-los.

Lavandas

São as responsáveis pelas maiores gafes na mesa. Quem já não viu

---

CASCA DE BANANA

Você está sentado na mesa de jantar numa recepção de casamento, morrendo de sede, quando percebe que o seu vizinho está bebendo água no seu copo. Ele pegou o copo errado, certamente porque desconhece que os copos ficam sempre do lado direito do prato. Se você não puder pedir outro copo para o garçom, o jeito é comentar com o seu vizinho o que aconteceu e pedir para ele passar o seu copo para você.

ou ouviu a história de um amigo que estava com tanta sede que tomou a lavanda de um gole?

Atualmente as lavandas são usadas apenas em restaurantes sofisticados, quando o serviço é à francesa para lavar a ponta dos dedos depois que se comem lagostas com casca, frutas ou doces. Elas chegam à mesa em tigelinhas de prata, cerâmica, resina ou vidro, num prato com toalhinha. Coloque a lavanda acima do prato do seu lado esquerdo e molhe a ponta dos dedos – não é preciso lavar a mão inteira.

Algumas pessoas costumam colocar duas pétalas de rosa na lavanda. Se isso acontecer com você, não se assuste. As pétalas de rosa não têm qualquer significado extra, são apenas um toque a mais de sofisticação e indicam que o seu anfitrião gosta de detalhes.

Sorvete de limão?

E quando você vai num restaurante mais chique e entre o prato de carne e peixe o garçom aparece com um inesperado sorvete de limão ?

Não se surpreenda. É isso mesmo. Pelas regras da culinária francesa um sorvete de limão é ideal para eliminar o sabor do primeiro prato e deixar seu paladar livre para o segundo.

A sobremesa

Quando os pratos são retirados e a mesa está limpa, o garçom oferece a sobremesa. Você pode perguntar em detalhes como são as tortas, ou se há frutas, ou ainda informar a ele que quer dividir um doce com seu amigo. Isso é muito comum hoje em dia, mas é bom avisar ao garçom para que ele providencie mais pratos e garfos. Caso nenhuma sobremesa lhe agrade, peça café acompanhado ou não de licor.

Self service

Quando há mais convidados do que lugares na mesa, é comum nas recepções a comida ser servida como um bufê. Os convidados se servem na mesa de jantar e comem sentados em sofás ou cadeiras distribuídos pelo ambiente, colocando o prato nos joelhos e os copos numa mesa próxima com o guardanapo embaixo. Geralmente, quando isso acontece, os pratos e os talheres estão colocados numa mesa próxima, de modo que todos possam pegar o seu antes de se servir.

Quando se recebe assim, o ideal é decorar a mesa com capricho, preparando para o centro um arranjo de flores ou frutas. Se forem colocadas mesinhas para os convidados se sentarem, pequenos arranjos também são usados. Nesse caso, cuidado para não colocar nada muito grande que impeça a comunicação e atrapalhe a visão dos convidados.

Também é comum, em grandes jantares, os participantes encontrarem diante de seus pratos um cartão com o nome, indicando onde vão sentar.

Ao terminar de comer

Não tem o menor fundamento a idéia de que é preciso deixar algo no prato como sinal de boas maneiras. Se estiver com fome, coma tudo o que estiver no seu prato. Evite apenas repetir muitas vezes. Não seja esganado. Ponha no prato apenas o que você sabe que vai poder comer.

Quando terminar, não se esqueça de colocar o garfo e a faca paralelos, no meio do prato, com os cabos virados para você.

Deixe o guardanapo do lado direito do seu prato. Não precisa dobrá-lo delicadamente. Afinal, ele não será usado novamente.

Os pratos devem ser limpos na cozinha, jamais na mesa. Se

PERGUNTA CABELUDA

Minha filha ia receber umas amigas e ficou na dúvida se devia arrumar a mesa com o mesmo cuidado, já que usaria pratos e talheres de plástico.

RESPOSTA – "Claro que sim", eu disse a ela. Uma mesa deve ser arrumada com o mesmo cuidado, tanto para servir com porcelana chinesa quanto com pratos de plástico. A diferença é que os talheres de plástico são mais frágeis, podem quebrar com facilidade. É melhor ter extras por perto caso aconteça um desastre.

quiser você pode ajudar a dona da casa a retirá-los, se ela aceitar sua ajuda, é claro – garanto que são raras as que recusam...

Espere a dona da casa deixar o guardanapo na mesa e se levantar para fazer o mesmo.

Elogie a refeição mas não seja exagerado para não parecer que está sendo falso. Se foi você quem recebeu os convidados, agradeça os elogios dizendo algo como: "Que bom que vocês gostaram!"

Se você precisar ir ao banheiro enquanto estão conversando, saia discretamente, não precisa avisar aonde vai.

CASCA DE BANANA

Você mal começou a almoçar com amigos quando sentiu um pedacinho de galinha preso entre seu dente e a gengiva. A sensação é superdesagradável e você percebe que não vai agüentar esperar acabar de almoçar para resolver o problema.

SOLUÇÃO – Peça desculpas, levante-se da mesa e vá ao banheiro. Lá você pode usar o dedo – o mais comum – ou um pedaço de fio dental para remover o pedacinho desagradável. Antes de retornar à mesa, é claro, não se esqueça de lavar as mãos.

O MENU, ESTE DESCONHECIDO

Como identificar o que é um médaillon ou um Coquilles Saint-Jacques? Aqueles nomes exóticos de sobremesas? E os licores e vinhos? O que pedir para acompanhar a carne ou o peixe?

O primeiro a fazer é aprender a desvendar o cardápio.

Outra coisa que é preciso saber. Quando o restaurante é francês ou italiano pode-se pedir três pratos: o primeiro é a salada, depois vem o peixe e ainda a carne.

Quem for muito exigente e não quiser misturar os sabores pode pedir um sorvete de limão entre um e outro.

O CARDÁPIO

Geralmente o cardápio vem dividido em seções. A maioria dos cardápios divide os pratos em entradas, pratos de massa, carne, peixe e sobremesas. Muitos restaurantes oferecem ainda um menu especial, batizado de sugestões do chefe ou especialidades da casa. À parte vem uma carta de bebidas e vinho.

Na hora de fazer seu pedido, se não entender o que está escrito, não se envergonhe de perguntar. Às vezes uma distração pode ser fatal. Você não gosta de tomates, pede um prato, e, como não sabe como é preparado, se surpreende ao vê-lo chegar com um grande molho avermelhado.

Assim, mesmo que lhe pareça constrangedor, peça explicações ao maître antes de escolher. Às vezes você deseja uma coisa que não está no cardápio. Pergunte se eles podem preparar para você. Freqüentemente a resposta é positiva.

> **PERGUNTA CABELUDA**
>
> Estava num restaurante elegante, pedi um prato de peixe e ele estava com um sabor ruim. Apesar do mal-estar, decidi chamar o garçom e reclamar do gosto. Errei?
>
> **RESPOSTA** – Não, você fez muito bem. Ninguém é obrigado a comer comida estragada, custe ela R$ 1 ou R$ 100. Quando isso acontece, os restaurantes não cobram o prato e trazem outro para substituí-lo.

O QUE É, O QUE É

É sempre bom saber o que significam aqueles nomes de pratos exóticos no cardápio. Faz parte do trabalho dos donos dos restaurantes inventar sempre nomes novos, mas dá para listar um número bem significativo para ajudá-lo a não dar vexame quando pedir a comida. São pratos universais muito usados nos cardápios dos melhores restaurantes.

Pratos de peixe e frutos do mar
- *Coquilles Saint-Jacques* – servidas como antepasto, são preparadas com vieiras, creme e champignons e levadas ao forno para gratinar.
- *King crab* – caranguejo gigante do Alasca.
- *Stone crab* – caranguejo gigante da Flórida.
- *Centolla* – caranguejo gigante encontrado na costa do Chile.

- *Bouillabaisse* – especialidade de Marselha, França, é uma deliciosa sopa de peixes e frutos do mar.
- *Misso shiru* – caldo de peixe com legumes e soja fermentados.

Pratos de carne
- *Médaillon* – pedaços de filé cortados em formato arredondado como medalhinhas.
- *Chateaubriand* – filé-mignon bem passado por fora e quase cru por dentro, frito na manteiga e servido com vinho tinto e champignons.
- *Rossini* – filé sobre pedacinhos de pão com uma fatia de *foie gras* (patê de fígado de ganso), algumas fatias de trufa e vinho Madeira.
- *Tournedos* – fatias de filé-mignon servidas grelhadas.
- *Saltimboca* – especialidade italiana feita com escalopes com presunto acompanhados de purê de batata e temperados com sálvia.
- *Escalope* – filé-mignon ou vitela cortado em fatias finas e pequenas também chamado de *scaloppini*.
- *Kosher* – carne preparada segundo as regras da religião judaica. Os animais são abatidos de modo especial e a carne só deve ser consumida 48 horas depois, quando todo o sangue do animal já tiver sido retirado.
- *Pastrami* – carne de vaca curada e defumada, servida fria.

Sobremesas
- *Dessert* – sobremesa em francês, mas é terminologia usada em cardápios de vários países.
- *Marrom-glacê* – purê de castanhas geralmente servido em caixa de bombom, ou individualmente como chocolate.
- *Sorbet* – sorvete leve feito de suco de frutas e açúcar.
- *Tiramisu* – sobremesa parecida com pavê, coberta com mascarpone (queijo italiano cremoso) e chocolate meio-amargo.
- *Zabaione* – creme servido quente feito com gemas de ovos, açúcar e vinho Marsala.

- *Peach Melba* – pêssegos servidos com calda, licor e sorvete.

Queijos
- *Boursin* – pequenos queijos temperados, usados como aperitivos, para serem comidos com torradinhas.
- *Brie* – suave e cremoso, é o mais antigo queijo francês e tem um leve sabor de nozes.
- *Cheddar* – queijo alaranjado originário da Inglaterra. Muito usado para aperitivos e fondues.
- *Chester* – não a ave, mas o nome de um queijo inglês muito gordo.
- *Emmenthal* – queijo suíço consistente e muito gorduroso.
- *Gouda* – queijo holandês todo furadinho, suave e macio.
- *Gruyère* – o queijo mais adorado pelos suíços, é levemente picante, consistente e muito usado no *fondue*.
- *Pecorino* – queijo italiano feito com leite de ovelha, de sabor picante e salgado.
- *Tofu* – queijo de soja, com a mesma consistência do queijo-de-minas.

Bebidas
- *Amaretto* – licor de amêndoas.
- *Armagnac* – tipo de conhaque da região de Armagnac, na França, é considerado uma das melhores aguardentes de vinho do mundo.

PERGUNTA CABELUDA

Como vou saber se o vinho está bom ou está passado?

RESPOSTA – Quando o vinho está passado, a gente percebe na hora. Ele tem um gosto meio avinagrado que não cai bem ao paladar. Em caso de dúvida, é melhor devolver do que passar mal depois.

- *Ban-chá* – chá verde servido em restaurantes japoneses e usado como digestivo no Japão.
- *Bénédictine* – licor criado pelos monges beneditinos, um dos mais antigos do mundo. A fórmula até hoje é mantida em segredo.
- *Blend* – palavra normalmente usada para falar de uísque, mas quer dizer mistura, combinação.
- *Bourbon* – uísque de milho, cevada e centeio produzido nos Estados Unidos.
- *Brandy* – palavra usada para bebidas alcoólicas destiladas de frutas ou vinho.
- *Calvados* – aguardente de maçã.
- *Cherry Brandy* – licor de cereja, ervas e açúcar muito popular.
- *Drambuie* – licor feito com malte de uísque e mel silvestre.
- *Dubonnett* – aperitivo francês ligeiramente amargo, feito de vinho, quinino e bitter.
- *Frangelico* – licor de origem italiana, leve, feito de avelãs e suavemente perfumado.
- *Grand manier* – licor francês feito de laranjas.
- *Grappa* – aguardente de uvas produzida na Itália, tão popular como a nossa cachaça. É consumida como digestivo depois das refeições.
- *Maraschino* – licor de cerejas bem doce.
- *Martíni* – vermute fabricado na Itália e no Brasil nas versões tinto, branco e doce ou seco e também nome de coquetel feito com vermute seco, gim, angustura e uma azeitona verde para enfeitar.
- *Ouzo* – aguardente de uvas feita na Grécia e aromatizada com anis.
- *Pastis* – aperitivo à base de anis, tomado puro ou com água e gelo.

> **PERGUNTA CABELUDA**
>
> Como saber que vinho escolher quando pedir um prato?
>
> **RESPOSTA** – Os vinhos brancos acompanham peixes e saladas; os tintos, as carnes e as massas.

- *Poire* – aguardente francesa de peras.
- *Sangria* – bebida muito popular na Espanha, servida em jarras e feita com frutas picadas, vinho tinto, gelo e açúcar.
- *Tia Maria* – licor de café originário da Jamaica.

Vinhos

- *Borgonha* – região vinícola da França.
- *Brut* – palavra usada para designar champanhes e vinhos espumantes bem secos.
- *Cabernet Franc* – uva originária da França, bem adaptada ao clima da América do Sul.
- *Cabernet Sauvignon* – cepa da uva usada para a produção de vinhos tintos da região de Bordeaux.
- *Chablis* – região da Borgonha onde são produzidos vinhos brancos secos.
- *Champanhe* – vinho produzido na França na região de Champagne. Espumante, é encontrado em dois tipos: *brut* (seco) e *demi-sec* (meio seco).
- *Chianti* – vinho italiano da região de Toscana.
- *Crus* – classificação dos melhores vinhos franceses.
- *Madeira* – vinho produzido na ilha da Madeira com aguardente de cana e envelhecido em tonéis de carvalho.
- *Xerez* – vinho usado na sobremesa e produzido em Jerez de la Frontera, na Espanha. Na Inglaterra é conhecido como *sherry*.
- *Decantar* – transferir cuidadosamente o vinho de uma garrafa para outro recipiente de forma a manter a borra no fundo da garrafa original e aproveitar o resto da bebida.

Íntimos do cardápio

- *Allumette* – batatas fritas cortadas fininhas como palitos de fósforo.
- *Alla Fiorentina* – em geral usada para pratos acompanhados de creme de espinafre.

- *Alla Marinara* – acompanhamento de molho de tomate, alho, azeite, vinho e ervas.
- *Alla Puttanesca* – molho à base de tomates, alcaparras, alho, azeitonas e cheiro-verde.
- *Alla Carbonara* – molho à base de ovos e bacon.
- *Blinis* – massa feita com farinha e ovos e frita, como uma panqueca, servida como acompanhamento de caviar.
- *Brunch* – mistura de *breakfast* (café da manhã) com *lunch* (almoço). Nome que se dá à refeição servida entre 10 e 14 horas.
- *Buffet-froid* – bufê de pratos frios.
- *Calzone* – pizza fechada, geralmente recheada de verduras ou ricota.
- *Canapé* – pão fresco ou torrado servido com patê, caviar e outras pastas de aperitivo. Pode ser servido quente ou frio.
- *Consommé* – caldo servido como entrada, quente ou frio. Pode ser de carne, peixe ou ave.
- *Cassoulet* – feijoada com feijão branco ou ainda prato francês que mistura carnes de galinha, carneiro, ganso e vaca.
- *Crepes* – panquecas finas que podem ser recheadas de carne, frango, peixe ou ingredientes doces.
- *Croûton* – cubinhos de pão torrado servidos como acompanhamento de sopas ou misturados a saladas.
- *Escargot* – caracol comestível que se ama ou se odeia.
- *Hashi* – palitinho usado no Japão ou em restaurantes orientais em lugar do talher.
- *Minestrone* – sopa de legumes e caldo de feijão, de origem italiana.
- *Molho tártaro* – molho picante com ovos, azeite, picles, mostarda e vinagre.
- *Molho béchamel* – feito com manteiga, farinha, leite.
- *Mouton* – carneiro em francês.
- *Nori* – folha de alga marinha onde os sushis vêm enrolados.

- *Oshibore* – toalhinha quente e úmida apresentada nos restaurantes japoneses para limpar as mãos antes da refeição.
- *Ossobuco* – corte transversal do músculo da perna traseira do boi, incluindo o osso. Com esse osso é feito um ensopado do mesmo nome, na Itália.
- *Petit-four* – docinhos ou biscoitinhos recheados, geralmente servidos para acompanhar chá e café.
- *Quiche lorraine* – torta salgada de queijo.
- *Sashimi* – finas fatias de peixe cru servidas em restaurantes japoneses.
- *Samovar* – chaleira grande usada na Rússia para servir o chá.
- *Smorgasbord* – bufê frio com pratos típicos dos países nórdicos, com muitos peixes, saladas e frutos do mar.
- *Sukiaki* – prato quente japonês com carne e legumes cozidos com saquê.
- *Sushi* – peixe cru ou legumes enrolados em bolinhos de arroz, enrolados por sua vez em folhas finíssimas de algas marinhas.
- *Trufas* – tipo de cogumelo raro, caro e perfumado encontrado na região de Piemonte na Itália e em algumas regiões da França.
- *Wassabi* – pasta de raiz forte para os japoneses.

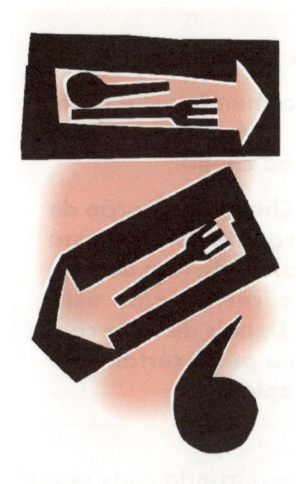

IDA AO RESTAURANTE

Atualmente ficou muito mais fácil escolher o restaurante. Principalmente se for impossível fazer extravagâncias. Isto porque, a maioria deles coloca logo na entrada o menu com os preços. Assim é tranqüilo saber quanto se vai gastar e se o cardápio combina com seu gosto. Veja só como é bom pensar antes de sair de casa.

PRELIMINARES

Não é sempre que é possível comer fora de casa. Além do preço salgado, a comida, a maior parte das vezes, deixa a desejar.

E, exatamente por ser cada vez mais rara, a ida a um restaurante deve ser encarada como uma grande aventura.

Ao sair para comer fora de casa, lembre-se de que você tem cinco sentidos e ir a um restaurante é uma boa oportunidade para usá-los.

Curta a decoração, o cheiro dos pratos, o sabor dos tira-gostos, o barulho das conversas. Cada restaurante é um pequeno mundo que merece ser visitado.

Quando viajamos, vemos que alguns hábitos são bem diferentes – como no Japão, onde se come sentado no chão na maioria dos restaurantes.

Que tipo de comida você gosta de comer? Francesa, italiana, chinesa? Somente hambúrgueres e batatas fritas? A que tipo de restaurante você gosta de ir? Quanto pensa em gastar? Quer fazer uma refeição rápida, ou tem tempo para ficar bebericando e curtindo cada prato?

São muitas as perguntas, mas você tem de pensar nisso tudo quando decide comer fora de casa.

Se você não conhece tantos restaurantes assim, onde encontrar informações quando decide que quer ir a um lugar especial?

> **CASCA DE BANANA**
>
> Você encomendou seu prato ao garçom já faz quase uma hora e ele não chega.
>
> **SOLUÇÃO** – Chame a atenção do garçom, pergunte se algo está errado. Geralmente isso acontece quando o restaurante está muito cheio. Depois de falar com o garçom, seu prato certamente sairá mais rápido.

ALGUMAS SUGESTÕES

- Geralmente os segundos cadernos dos jornais e as revistas de entretenimento têm colunas especializadas em restaurantes. Elas dão um panorama sobre o que há de novo na cidade, média de preços, tipo de menu.
- Converse também com os amigos para saber se alguém tem uma boa dica para dar.
- Ou então, tendo o nome do restaurante aonde quer ir, ligue para lá e pergunte pelo telefone o que servem. Muitos já colocam afixado na entrada o menu com os preços dos pratos, facilitando a vida de quem tem dinheiro contado para gastar.

> **PERGUNTA CABELUDA**
>
> Afinal, é ou não falta de educação palitar os dentes na mesa? Por que alguns restaurantes usam paliteiros na mesa?
>
> **RESPOSTA** – Palitar os dentes na mesa é definitivamente proibido. Nos restaurantes elegantes não há paliteiros à vista.
>
> No máximo, você encontra paliteiros em restaurantes mais populares, por absoluta falta de informação dos donos da casa.
>
> Depois da invenção do fio dental, o ideal é optar por eles para limpar os dentes. Quando estiver sozinho, no banheiro, é claro.

Geralmente os restaurantes da moda exigem que se faça reserva com antecedência para jantar. A maior parte deles no próprio dia, embora os muito, muito procurados, exijam antecedência maior. É só telefonar, dizer o número de lugares, a hora prevista para a chegada e pronto. Mas lembre-se, caso se atrase é capaz de não encontrar a mesa esperando. Se fazem reserva é porque são muito procurados.

Outro lembrete: é conveniente ainda avisar para desmarcar se você sentir que o programa não vai dar certo. Às vezes os restaurantes esperam até meia hora pela reserva e não é nada agradável para quem está esperando ver uma mesa vazia. Lembre-se de que podia ser você e avise.

SINAL DE ALERTA

Ao chegar ao restaurante, se você vir uma mesa vazia, não vá entrando e sentando. Isso só acontece no Brasil. Antes de tomar qualquer atitude, espere o maître se aproximar e então pergunte se a mesa está disponível. Muitas vezes as mesas estão vazias porque estão reservadas.

Outra coisa: se você chegar a um restaurante e encontrar amigos já no meio da refeição, cumprimente-os rapidamente. Manda a etiqueta que, ao se cumprimentar um casal, o homem deve se levantar e esperar um "esteja à vontade" para voltar a sentar e continuar comendo.

> **CASCA DE BANANA**
>
> Você está sentado numa área de não-fumantes no restaurante e alguém da mesa ao lado acende um cigarro, desrespeitando as regras preestabelecidas. Por mais que você olhe para a criatura com cara de poucos amigos, ela insiste em manter o cigarro aceso. O que fazer?
>
> **SOLUÇÃO** – Chame o garçom ou o maître para dar um jeito no mal-educado. Esse tipo de regra existe para ser cumprida.

Não deixe a comida do seu amigo esfriar. Seja breve e o deixe à vontade.

NÃO TRANSFORME EM UM PESADELO O ATO DE COMER FORA

Ao sair com seus pais para jantar fora naquele restaurante especial cheio de gente muito arrumada, você se vê às voltas com copos de vinho e água, talheres diferentes, nomes franceses no cardápio. Sua reação:

- entra em pânico, sai correndo e entra na pizzaria mais próxima
- fica com vontade de chorar e voltar correndo para casa
- olha para os lados disfarçadamente para aprender com os vizinhos como se comportar
- dá uma de pessoa bem-educada e pede um help para a mamãe e o papai
- pede gentilmente ao garçom explicações sobre os pratos
- pede, como há anos, o mesmo prato de bife com fritas para matar a fome e não se estressar

Certamente você já tomou algumas dessas atitudes. É normal. Nessas horas, ninguém precisa perceber que você está morrendo de medo de não saber como se comportar. Caso você se sinta envergonha-

> **CASCA DE BANANA**
>
> Você ainda não terminou de comer, o papo na mesa está superagradável, quando percebe que o garçom está prestes a retirar seu prato.
>
> **SOLUÇÃO** – Em vez de brigar com o garçom, fale delicadamente que ainda não acabou. Ele pedirá desculpas e voltará mais tarde.

do de perguntar como fazer, não custa dar uma espiada no vizinho do lado e fazer igual. Ou gravar algumas instruções especiais:

QUEM É QUEM NUM RESTAURANTE

Como em todo local de trabalho, em um restaurante há uma série de funções estabelecidas e é preciso saber quem é quem para não pedir comida para a pessoa errada.

- *Maître*, por exemplo, é o personagem que fica logo na entrada do restaurante recebendo as pessoas e encaminhando às mesas. É ele quem sugere os pratos, anota e depois passa para o garçom. Em geral ele usa smoking e é quem sabe discorrer sobre o cardápio.

- *Garçom* é quem serve os pratos e anota pedidos mais simples. Geralmente usa paletó ou apenas um colete ou camisa de mangas compridas e gravata-borboleta preta.

- *Cumins*, auxiliares de garçom que se vestem da mesma forma, mas usam gravata-borboleta branca. Geralmente não nos dirigimos a eles. Apenas são chamados para pegar um talher que caiu no chão ou trazer mais pão, manteiga, cinzeiros.

- *Sommelier*, profissional cada vez mais raro nos restaurantes, é a eles que pedimos vinho. Os sommeliers são figuras imprescindíveis nos restaurantes chiques tradicionais, especializados em ajudar a escolher o vinho certo.

COMO CHAMAR A ATENÇÃO DO GARÇOM

- Espere até que ele olhe em sua direção para fazer um sinal.
- Quando ele estiver olhando, erga a mão ou faça um movimento com a cabeça.
- Jamais grite "ei, garçom" para chamar sua atenção. Você está num restaurante e não em um estádio vendo um show de rock e pedindo cachorro-quente.

ASSUNTOS PROIBIDOS

Se você foi convidado para jantar com um grupo de pessoas que não conhece bem, é bom saber o que *não* cai bem nessas horas:
- Contar piadas grosseiras, nem todas as pessoas gostam.
- Contar histórias drásticas. É chatíssimo comer ouvindo desgraças.
- Fazer comentários racistas, isto é, sobre judeus e negros, por exemplo.

CASCA DE BANANA

Você foi pegar um pedaço de pão na cestinha, esbarrou no copo de água e derramou sobre a mesa e o seu prato. Fique frio. Você pode achar que todo mundo estava olhando, mas isso nunca acontece. E depois, esbarrar no copo é o acidente mais comum nos restaurantes. O que fazer?

SOLUÇÃO – Use seu guardanapo para secar a toalha e evitar que a água molhe sua roupa, chame o garçom com o olhar e peça para ele providenciar outro guardanapo e outro prato. Geralmente a troca é feita em segundos.

> **CASCA DE BANANA**
>
> Você está em uma mesa cercada de gente e sente vontade de espirrar. Para piorar a situação, percebe que está com a boca cheia. O que fazer para não dar vexame?
>
> **SOLUÇÃO** – Primeiro tente engolir o que tem na boca, depois coloque a mão na frente do nariz e tente achar um lenço. Se não conseguir, saia para ir ao toalete. Não use o guardanapo jamais.

- Falar dos seus problemas pessoais, como se esperasse que os outros os fossem resolver.
- Puxar um assunto que só você e duas outras pessoas conhecem. Os outros vão se sentir excluídos e isso não é nada simpático.

COMPORTAMENTOS CENSURADOS

- Arrotar ou palitar dentes à mesa.
- Comer de chapéu ou sem camisa.
- Gritar para chamar a atenção do garçom.
- Segurar o copo de champanhe ou vinho pela haste, porque o calor do corpo passa para o copo e interfere na temperatura do líquido.
- Fazer barulho ao tomar sopa.
- Soprar a sopa para esfriar também é proibido. O ideal é ir comendo pelas beiradinhas. Esfria mais rápido.
- Cortar as folhas de alface. Treine dobrá-las com o garfo e a faca na mão direita. Parece complicado, mas, depois da terceira vez, você nem vai notar mais.
- Comer antes do anfitrião. Espere por ele a cada prato trocado, a não ser que o serviço seja à francesa, quando ele é o último a ser servido, e nesse caso libera os convidados, pedindo que todos

comecem antes de a co-
mida esfriar.
- Falar de boca cheia.
- Mastigar com a boca aberta.
- Empurrar o prato depois que terminar.
- Falar usando o garfo ou a faca no ar, como se fosse a batuta de um maestro.
- Dobrar o guardanapo ao terminar a refeição.
- Cruzar garfo e faca no prato. Eles devem ser colocados no prato, paralelos, depois que terminar a refeição.
- Retocar a maquiagem na mesa. Nem passar pó, nem batom. É também para isso que existem os banheiros.
- Encarar as pessoas da mesa ao lado querendo escutar a conversa delas. Todo mundo, quando sai para comer fora, quer ter um pouco de privacidade. Imagine você com os amigos sentindo que tem um estranho o encarando.
- Conversar alto com os amigos. É impressionante o volume de decibéis com que convivemos nos restaurantes cariocas. Tudo bem, todo mundo gosta de bater papo com os amigos, mas não precisa compartilhar com os vizinhos de mesa a sua conversa.

> **PERGUNTA CABELUDA**
>
> Como fazer para cumprimentar uma pessoa que chega de repente e se aproxima da mesa do jantar? É preciso levantar?
>
> **RESPOSTA** – As mulheres nunca se levantam. Os homens, sim. Quando encontramos amigos em um restaurante, não é conveniente parar para bater papo se o casal está jantando. Até porque, reza a etiqueta, caso chegue um amigo, o homem deve se levantar e só pode sentar-se quando ouvir de quem chegou um "sinta-se à vontade".

EMERGÊNCIAS

- Caso se engasgue com um caroço de azeitona ou espinha de peixe, passe discretamente para o prato com o auxílio de um garfo.

- Se você estiver jantando na casa de um amigo e odiar o gosto da comida, disfarce, diga que está de dieta e por isso só pode comer pouco.
- Ao menor sinal de que vai soltar um pum, levante-se imediatamente, peça licença e se dirija ao banheiro.
- Se tossir ou sentir vontade de espirrar, leve a mão à boca e procure ir ao toalete. Se não der tempo e for inevitável, use um lenço, jamais o guardanapo.

PAGANDO A CONTA

Infelizmente é preciso verificar sempre o que estão lhe cobrando. No Brasil são comuns as distrações e as cobranças indevidas e não é nada demais verificar se o que você está pagando é o que consumiu. Caso descubra um erro, fale na hora com o garçom. Geralmente eles se desculpam e trazem outra nota com a despesa certa.

Não esqueça de deixar a gorjeta. No Brasil ela equivale a 10% do total, enquanto no exterior chega a 20%.

CASCA DE BANANA

Você acabou de colocar comida na boca e alguém lhe pergunta alguma coisa.

SOLUÇÃO – Não dá para falar com a boca cheia. Faça um sinal de espera com a mão para que a outra pessoa entenda que você precisa de alguns segundos e aproveite para pensar no que vai responder.

COM QUE ROUPA EU VOU? — O ETERNO DILEMA

Gente, essa perguntinha danada é a que mais ronda a cabeça de todos na hora de se arrumar para sair de casa. Seja qual for o programa, ou o lugar escolhido para ir, seja quem for o acompanhante, o namorado, a irmã ou um amigo. Não existe item mais aflitivo na escala social do que a escolha da roupa.

É na hora de abrir o armário e não encontrar "nada" usável que a gente se sente o último dos mortais. Pensa que podia ganhar na loto, ser milionário e, num desses momentos angustiantes, ligar para a melhor loja da cidade e mandar entregar em casa um modelo diferente de cada um dos itens da nova coleção.

Os meninos não sofrem tanto. Afinal, hoje em dia, com uma calça jeans e uma boa camisa é possível se sentir bem em quase todos os lugares. Mas, para as meninas, estar com a roupa certa em todos os momentos é fundamental.

É olhando para a roupa de alguém que a gente tem uma idéia do tipo da pessoa que estamos vendo pela primeira vez. Mas, como as mulheres são muito mutantes, não é bom atribuir à roupa do dia tanta importância quando se quer avaliar gostos, hábitos, sonhos.

Mesmo assim uma coisa é certa: por uma roupinha transada são raras as mulheres que não fazem loucuras. Por isso não é bom acreditar muito nas aparências: muitas vezes quem está usando a melhor roupa da festa não tem dinheiro nem para pagar o táxi de volta.

SEM MEDO DE ERRAR

- É melhor usar roupa de um só tom do que uma toda estampada se você não estiver no peso ideal. Roupas estampadas geralmente engordam.
- Roupa rodada e vestido longo são vedados às baixinhas e gordinhas.
- Roupas colantes e de lycra idem.
- Calça Lee e tênis para ver ópera no teatro nem pensar.

Se o programa for assistir a uma ópera ou a uma companhia de balé clássico no teatro, procure no guarda-roupa um vestido com um corte discreto ou um conjunto de saia e blusa ou calça e blusa de seda ou viscose. O sacrifício vai valer a pena. Ninguém a olhará como uma troglo-

CASCA DE BANANA

Uma de suas amigas ligou chamando para uma festa mas não disse que roupa era para colocar. Você se animou toda, colocou aquela velha bermuda de guerra, uma camiseta confortável, e foi para a festa. Chegando lá, vexame! Deu de cara com todo mundo embecado e se sentiu um E.T.

SOLUÇÃO – Das duas uma: ou você curte e dá uma de E.T. mesmo, ou dá meia-volta, vai até em casa, troca de roupa e reaparece uma hora depois também embecada.

Bem, há programas e programas, guarda-roupas e guarda-roupas, corpos e corpos, mas há certas indicações que, seguidas à risca, são preciosas e tornam qualquer pessoa um pouco mais elegante.

dita recém-chegada do Pólo Norte. Depois, um programa em teatro é sempre caro e você deve se vestir especialmente para participar.

Dependendo da tribo a que você pertence é preciso cuidado com:

- A bermuda folgadona e a camiseta rasgada na gola devem ser usadas apenas para passear de bicicleta, jamais para sair com os amigos num programa mais especial. Os mais radicais vão reclamar – realmente não existe nada mais confortável, mas puxa, não é sempre que você recebe um convite especial e merece se produzir um pouco.
- Pegar roupa nova das irmãs ou da mãe também é proibido se elas não estiverem em casa.

PEÇAS ESSENCIAIS

Para as meninas

O melhor a fazer é rechear o guarda-roupa de peças básicas às quais você possa recorrer em qualquer situação de emergência. Tipo:

- um jeans de qualidade é fundamental
- um tubinho preto básico, com o comprimento normal ou bem míni
- duas camisetas brancas de malha básicas
- uma camiseta preta de malha básica
- um blazer preto ou azul-marinho
- duas ou três blusas de linha colorida
- uma camiseta branca de tricoline
- um tubinho míni se você tiver com tudo em cima
- uma bolsa discreta preta pequena para uma situação formal
- uma mochila para as ocasiões informais
- uma sapatilha e um escarpin – sapato liso com saltinho – também pretos

- um tênis
- um mocassim marrom
- uma bolsa pequena e discreta para usar em situações mais formais
- uma saia comprida ou míni de tricoline
- um colarzinho de pérolas ou de cristal facetado
- cintos básicos
- camisetas brancas e pretas de linha para acompanhar calças e saias
- tons que combinem com seu tom de pele enfeitam e rejuvenescem
- uma calça de crepe de bom corte na cor preta
- se você tiver a pele escura, evite usar azul-marinho, marrom e preto perto do rosto, procure usar um colar colorido ou uma echarpe bem amarrada
- com um par de sapatos preto, marrom e cáqui ou cor de couro, você já está com meio caminho andado.

BIJUTERIAS E MAQUIAGEM

Em excesso são sempre fatais. Fazem qualquer mulher parecer uma árvore de Natal. São cafonas, insinuam descuido.

Até o meio-dia esqueça as bijuterias pesadas, grandes e muito enfeitadas. Use apenas brincos pequenos, combinando com colares e pulseirinhas. À tarde você está livre para ousar mais. O mesmo em relação à

CASCA DE BANANA

Você chegou numa festa toda animada e encontrou sua amiga com uma roupa exatamente igual à sua. Que mico!

SOLUÇÃO – Depois do constrangimento inicial, o negócio é aproveitar e relaxar. Como é que você ia adivinhar que ela compraria uma roupa igual à sua? Evite apenas ficar o tempo todo ao lado dela para não parecerem um par de jarras.

maquiagem. Sombras fortes e lápis preto nos olhos ficam melhor à noite.

CABELOS

Ninguém está satisfeito com o seu. Quem tem liso e curto queria ter comprido e encaracolado, quem tem encaracolado queria que eles fossem lisos, louros, ruivos, bem tratados.

> **PERGUNTA CABELUDA**
>
> Como agir quando você encontra sua amiga numa festa com os cabelos pintados de louro e uma aparência horrorosa?
>
> **RESPOSTA** – Das duas uma, ou você não diz nada e finge que ela continua a mesma ou insinua de leve que você a preferia com os cabelos naturais. Quem sabe ela não se toca e volta ao normal?

Como é impossível fazer mágica, o melhor conselho é procurar mantê-los sempre bem cortados. Um bom corte faz milagres no visual. A dica vale para os meninos, com exceção dos cabeludos.

Caso use alguma tintura, please, remember, não deixe jamais as raízes ficarem aparecendo. Louras com as raízes pretas à vista são terríveis de encarar.

OCASIÕES ESPECIAIS

Se surgir um convite para ir a uma recepção ou festa que exija traje a rigor (black-tie) e você não tiver a roupa adequada, não se aflija, procure uma dessas lojas que alugam roupas de festa. Você se surpreenderá com a quantidade e a qualidade das peças em oferta e vai descobrir que vale muito mais a pena alugar uma roupa transada do que gastar muito para só usá-la uma vez por ano. A não ser que a sua agenda inclua muitas festas desse tipo.

Se o convite é black-tie, tenha cuidado para não parecer uma Barbie. Pessoas vestidas com discrição são geralmente mais elegantes do que aquelas que se vestem com muito espalhafato. Esqueça as lantejoulas, o lamê e as roupas com muitas pedrarias. Procure vestidos ou saias de tecidos mais finos, bijuterias discretas, ou opte por um pretinho. Funciona sempre.

Os meninos, como sempre, só precisam de uma camisa branca e alugar um smoking ou pedir emprestado ao irmão mais velho ou a um amigo.

O QUE NÃO PODE FALTAR NO ARMÁRIO

- *Casual* – para ocasiões bem informais como uma ida ao cinema, à discoteca, ao shopping ou a uma simples lanchonete na esquina de casa – aquelas bermudas de que você tanto gosta, shorts curtinhos, camisetas, miniblusas, acompanhadas de tênis ou sandálias de borracha são trajes apropriados.
- *Semiformais* – se a saída é para uma festinha na casa de uma amiga, para uma discoteca ou boate à noite, ou mesmo para um teatro, balé ou sinfônica, produza-se um pouco mais. Um vestidinho transado ou um conjunto de seda ou viscose vão fazer você se sentir uma princesinha. Os garotos devem trocar as camisetas por camisas xadrez ou lisas e, se for o caso, levar um blazer embaixo do braço.
- *Formais/black-tie* – raros, mas sempre possíveis, os convites para jantares formais ou festas de quinze anos e black-tie exigem trajes mais suntuosos e aí vale tudo para não fazer os pais ficarem pobres naquele mês. Quem sabe passar numa loja que alugue roupas não resolve o problema? Elas são cada vez mais numerosas na cidade.

ALGO PARA OS MENINOS

É difícil convencer um menino a ler qualquer coisa relacionada a boas maneiras. Mas não custa dar algumas sugestões para você mostrar ao seu irmão, ao seu namorado, ou ao seu filho, caso ele seja receptivo e tenha dúvidas em como sair para uma festa ou como tratar a namorada ou as amigas. Quase tudo que está escrito no livro aplica-se também aos meninos, mas não custa lembrar.

MODOS

Os meninos precisam ser gentis no dia-a-dia. Alguns assustam só de abrir a boca. Na mesa a primeira regra é não arrotar.

Com as meninas, as mães e as pessoas mais velhas a ordem é usar a delicadeza antes de tudo. Com as namoradas não vale prometer telefonar e deixar a bela a ver navios.

Não há nada que enfureça mais uma garota do que ser desprezada.

Outra informação preciosa. Homem que é homem não passa na frente de uma pessoa idosa, cede a vez a elas nos elevadores, metrôs e nas escadas, assim como às mulheres e aos deficientes.

ROUPA

Em relação ao modo de vestir, roupa de menino parece sempre igual. E não tem mesmo muito mistério formar um guarda-roupa adequado para qualquer ocasião.

O que não pode faltar no guarda-roupa
- calça jeans de bom corte
- calça black jeans
- calça preta ou cinza de bom corte para as ocasiões mais formais em microfibra ou um tecido mais nobre
- camisas de manga comprida branca, bege ou de listrinhas coloridas
- pelo menos um blazer de bom corte, bege ou azul-marinho
- um par de sapatos pretos, outro marrom
- terno – se você não freqüentar ambientes formais, não precisa de um. Quando surgir um convite é só alugar
- um bom pulôver
- jeans e camiseta só para ir ao cinema, à lanchonete ou à discoteca com a namorada
- bermudão e camiseta regata sem manga somente para o mesmo programa acima, assim como sandálias havaianas. Rider jamais, nem pensar
- gravatas – se você for do tipo que freqüenta lugares mais formais, deve ter no armário pelo menos meia dúzia delas de padronagens diversas, tanto lisas como estampadas
- meias lisas que combinam com tudo

A OCASIÃO FAZ A ROUPA

Se a festa para qual você foi convidado é mais formal o ideal é colocar um blazer para acompanhar a camisa arrumada e se houver algo além de um jeans no armário é bom usar.

A bermuda folgadona e a camiseta rasgada na gola devem ser usadas apenas para passear de bicicleta ou skate, jamais para sair com os amigos num programa mais especial. Os mais radicais vão reclamar – realmente não existe nada mais confortável, mas puxa, não é sempre que você recebe um convite especial e merece se produzir um pouco.

CONQUISTANDO UMA MENINA

Saiba que as meninas adoram ser cortejadas. Por isso procure fazer o melhor quando quiser se aproximar de alguma para azarar.

Elogios são sempre bem-vindos.

Não banque o presunçoso com nenhuma delas. Meninas adoram escutar que elas são as mais lindas da noite, que sabem dançar e têm uma conversa legal.

Seja gentil sempre. Ofereça-se para pegar um refrigerante. Quando ela for sentar à mesa, puxe a cadeira para ajudá-la e caso você já tenha carro e convide-a para sair, jamais esqueça de abrir a porta para ela. É ponto certo no placar.

Bilhetinhos e cartinhas de amor também fazem sucesso apesar de serem raros. Mas você não quer conquistá-la? Acredite que um cartão maneiro escolhido a dedo em uma papelaria fará um sucesso danado. Flores então? Cruzes! Ela é capaz de desmaiar. É tão antigo, mas tão bonito. Garanto. Qualquer menina adora ganhar uma flor. É paixão no ato.

COM O CORPO

Há que se saber também como funciona o corpo. Tirar as dúvidas com o pai, os irmãos mais velhos ou o médico da família é sempre proveitoso, principalmente o que se relaciona com as doenças sexualmente transmissíveis e as diferenças entre a sua sexualidade e a das meninas.

ÚLTIMOS LEMBRETES

Caso você esteja namorando, procure ser gentil com os pais dela. Não precisa ficar puxando o saco, mas seja simpático e pelo menos dê boa-noite quando chegar na casa dela para buscá-la. Você se surpreenderá ao ver como será mais bem tratado depois que isso acontecer. Pais são carentes de atenção e quando o namorado da filha não dá bola para eles ficam enfezados.

Também seja atencioso com as amigas dela. Ter uma amiga como aliada é sempre útil quando se está apaixonado.

Mas, atenção: nunca se aproxime demais da melhor amiga dela. As garotas não gostam desse tipo de traição.

NOITES INESQUECÍVEIS

Você é a pessoa mais importante da festa. Sua animação vai dar o tom, animar os convidados, fazer com que todos se sintam felizes.

Quando os convidados chegarem, apresente uns aos outros, principalmente se a casa ainda estiver vazia. Circule pela festa, conversando com um e outro. Não é na hora da festa que você vai querer botar o papo em dia apenas com um amigo.

Proteja-se de vibrações estranhas. Se você perceber que alguém está se desentendendo, peça a um amigo para interferir e tentar minimizar o problema.

Se perceber que o ritmo da festa está declinando, coloque uma música mais animada na vitrola, chame os mais íntimos para o salão, proponha algum jogo.

Caso alguém se exceda na bebida, dê um help oferecendo água ou um comprimido contra ressaca.

Se o nível de barulho estiver insuportável, tente acalmar os ânimos falando com um e outro para dar um tempo. Se nada adiantar, desligue o som, faça um apelo dramático e, se mesmo assim não adiantar, tire a tomada da parede, pegue as bolsas e os casacos das pessoas e faça um pequeno discurso dizendo que é hora de todos irem para casa.

Quando as pessoas forem embora, leve-as até a porta e na hora da despedida agradeça pela presença de todos.

Se a festa tiver acontecido na casa de seus pais, assim que os convidados saírem procure arrumar os copos e os pratos na cozinha e tirar excessos da sala. Se você fizer isso, vai poder dar outras festas; se não, pode se surpreender em receber um não quando quiser repetir a dose. Aquelas noitadas regadas a sexo e drogas que a gente vê no cinema costumam ter pouca chance de acontecer na realidade.

ESPECIFIQUE QUE TIPO DE ROUPA USAR

Se você for convidar um grupo para uma festa mais especial, não se esqueça de dizer na hora do convite o tipo de roupa que deve ser usado para evitar constrangimentos desnecessários.

O MISTÉRIO DO RSVP

Geralmente tudo começa com a chegada em casa de um convite impresso chamando a família para uma grande festa envolvendo muitos convidados em ocasiões formais, como casamentos e grandes recepções.

Se você já sentiu vergonha e nunca perguntou o que significa aquele "RSVP" ou – muito mais raro, um "pour memoire" – escrito em letra miúda na parte de baixo do convite, lá vai: "RSVP significa "*répondez s'il vous plaît*" (responda por favor) e é para responder mesmo ao convite, ligando para o número indicado, apesar de a maioria dos brasileiros não dar bola para esse pedido civilizado. O "pour memoire" é o próprio convite impresso.

> **CASCA DE BANANA**
>
> Você é apresentada a um garoto numa festa e, depois de meia hora e várias tentativas suas de começar um papo, ele continua mudo. Você não sabe mais o que fazer para animá-lo. O carinha é definitivamente um mala.
>
> **SOLUÇÃO** – Olhe em volta, descubra um amigo por perto e, como quem não quer nada, despeça-se do seu mudo companheiro dizendo que vai se divertir um pouco.

FESTA DE QUINZE ANOS

Ultimamente você tem recebido muitos convites para festas de 15 anos?

Sim porque as festas de quinze anos continuam sendo inesquecíveis. Um dos hábitos mais arraigados na sociedade brasileira, elas continuam encantando centenas de adolescentes em todo o país.

O fascínio de reunir as quinze melhores amigas para dançarem a valsa da meia-noite junto com a aniversariante, a debutante emocionada ao dançar a valsa primeiro com o pai e depois com o namorado. Os sonhos, as noites passadas em claro pensando nos mínimos detalhes. Os titits com as amigas imaginando a quem azarar.

Não há nada que supere essa sensação. Os 15 anos merecem ficar na memória como um dos ritos de passagem mais importantes da nossa vida, uma espécie de divisão entre o mundo infantil e o adulto.

E por isso uma festa de 15 anos requer cuidados especiais. Primeiro é preciso escolher o clube onde ela vai acontecer, a empresa que vai organizar a festa – há uma meia dúzia de especialistas ótimas no mercado – e ver o que usar.

O vestido requer cuidados especiais. Deve ser escolhido sem que nenhuma amiga fique sabendo onde e deixar você deslumbrante como uma estrelinha de cinema. Nessa noite vale realizar todas as fantasias!

Festa de 15 anos é só um dia e o vídeo feito com capricho vai fazer você lembrar para sempre como era bom aquele tempo de menina!

Há meninas que não ligam para uma festa tão luxuosa. E optam por fazer uma viagem a Disney ou se reunir com os amigos em bares de jovens.

Na festa de quinze anos da minha filha, por exemplo, nem eu nem meu marido fomos convidados a participar.

Fomos proibidos de acompanhar de perto os rodopios das garotas na boate. As amiguinhas estavam a fim de azarar e se sentiam envergonhadas diante de gente mais velha. Fomos expulsos com a recomendação de que voltássemos para buscá-las lá pelas três da manhã, depois de tudo terminado.

Para me surpreender ainda mais, em vez de um vestido vaporoso e jóias delicadas, minha filha preferiu usar um longo marrom e preto, cores bem darks, um modelo com o corpete amarradinho como as princesas medievais. De nada adiantaram meus suspiros e reclamações indignadas. Ela se sentia linda e não era eu quem ia interromper sua viagem.

O importante no final de tudo é que ela se divertiu hor-

CASCA DE BANANA

Você foi convidada(o) para ir a uma festa de quinze anos. Não encontra nada no guarda-roupa. O que você faz?
- vai para um shopping e fica rodando horas até encontrar aquela peça que cai bem em qualquer "social".
- recusa o convite com um muxoxo de "não gosto de programa careta".
- pede emprestada a roupa da amiga, porque a roupa dos outros é sempre melhor do que a nossa, não é mesmo?
- avança no guarda-roupa da mãe ou de um amigo mais abonado em busca de algo descolado.
- dá uma de maluquinha(o) e insiste em ir com aquela bermuda surrada que sua mãe odeia mas é tão confortável...

SOLUÇÃO – Se eu fosse você, não escolheria a última opção. Afinal não é sempre que pinta uma festança como essa na agenda, não é mesmo?

rores, sem ligar para a nossa frustração, momentânea, diga-se de passagem.

O que conta então é o que vai fazer a debutante mais feliz.

A festa de 15 anos continua sendo um momento mágico para o qual se preparam com antecedência e muitos sonhos.

Que tal fazer um pequeno sacrifício e se embonecar um pouco mais? Você vai acabar descobrindo que os olhos do Marquinhos e da Mariana estão mais do que nunca grudados em você, que sua mãe repetiu as recomendações de cuidado com mais veemência que o habitual. Sinal de que você está ótima toda embecada e vai fazer sucesso total!

A mesma postura vale quando você receber um convite para ir a um casamento. Procure saber com a noiva como será a festa para não pagar mico e aparecer com a roupa errada.

Mais uma vez prefira os vestidos de uma só cor, com caimento normal, um conjunto de saia e blusa bem cortado. Nada de babadinhos, pedrarias em excesso e roupas muito estampadas.

COMO AJUDAR

Se você vai a uma festa na casa de um amigo, não custa nada, assim que chegar, oferecer sua ajuda. Geralmente a resposta é: "Não se preo-

---

CASCA DE BANANA

Você está numa festa e não conhece ninguém. Tenta se aproximar de vários grupinhos, mas ninguém lhe dá bola. Você fala uma frase, não tem resposta, tenta dançar com uma garota e ela vira as costas. Céus, o que fazer nesse tipo de situação? Tudo menos sair correndo.

SOLUÇÃO – Que tal dar uma olhada nos discos, fazer algum comentário do tipo "tenho todos os discos desse cara" ou "vi um show com fulana outro dia"? Seja criativo. A probabilidade de você receber uma resposta é muito grande. Lembre-se, quem está numa festa sozinho está sempre querendo se enturmar.

cupe, apenas curta a festa", mas, caso sinta alguma hesitação no tom de voz, você sabe o que fazer. Fique de olho no estoque de copos e pratos, supervisione o gelo, a bebida e, se vir algum pedaço de comida no chão, retire-o com um guardanapo.

VAMOS DANÇAR?

Em primeiro lugar, lembre-se disso: independente de quem o esteja acompanhando na festa, da sua timidez, da sua falta de jeito para dançar, quando chegar a uma festa faça tudo menos se esconder no banheiro.

Só existe uma maneira de alguém se enturmar em uma festa: ficando perto das outras, do som, do bar. A probabilidade de você se divertir é muito maior do que se ficar escondido em um canto.

Para começar, tente dançar com quem você está a fim. Se não conseguir ser tão direto a ponto de convidá-la(o) direto para dançar, faça um comentário casual do tipo "essa música é genial" ou ainda "ah, vamos dançar essa, é tão boa que não vou conseguir ficar aqui parada!"

Se a pessoa que você convidar para dançar disser não, procure não ficar tão deprimido. Vai ver é timidez, cansaço ou total falta de jeito. Tente outra.

Se você convidar alguém para dançar e a pessoa disser

CASCA DE BANANA

Você está se divertindo a valer numa festa enquanto sua melhor amiga está com uma cara de desolação atroz, desesperada porque ainda não dançou com ninguém. É uma sensação terrível e você pode ajudá-la de alguma forma. Tente apresentá-la a um novo grupo de amigos, ou iniciar uma dança em grupo para que todos se balancem sem precisar dançar juntos.

SOLUÇÃO – As festas são ótimas oportunidades de fazer amigos, encontrar alguém para namorar e ainda para se divertir. Ir a uma delas e ficar o tempo todo de cara amarrada é uma perda de tempo.

que não sabe, há uma chance. Diga que vai ensiná-la. Ou "vamos tentar?" Ou desista e proponha que fiquem conversando. Quem sabe você não vai fazer mais um amigo?

RECEBENDO AMIGOS

Como fazer para organizar uma festa daquelas que todo mundo vai demorar para esquecer?

Bem, mais importante que o lugar, a comida e a bebida são os convidados. Evite chamar sempre o mesmo grupo de amigos. Geralmente as festas com as mesmas pessoas são chatas demais. Procure misturar grupos diferentes.

Lembre-se sempre das pessoas mais simpáticas e brilhantes que conhece, mesmo que não sejam do seu grupo mais íntimo. Pessoas assim dão um colorido especial a qualquer reunião. Procure não sentir ciúmes dos seus amigos e apresentá-los a outros fora do grupo usual.

> **PERGUNTA CABELUDA**
>
> **Como fazer para convencer meus pais a me buscarem às quatro da manhã em uma festa?**
>
> **RESPOSTA** – Convenhamos, quatro da manhã é dose! Mas, do jeito que a situação está hoje em dia nas grandes cidades, nenhum pai vai deixar de apanhar um filho por causa de horário.
>
> Para compensar o transtorno, tente estabelecer um rodízio com os pais de suas amigas. Desta maneira ninguém fica sobrecarregado.

Se você convidou uma pessoa duas vezes e ela recusou os convites, deixe o nome de lado na próxima festa. Para que insistir em quem não está interessado?

Outra coisa: faça o convite no mínimo com três dias de antecedência – o ideal é uma semana. Todo mundo tem a agenda tão congestionada hoje em dia que é preciso dar um tempo para o amigo se organizar.

Assim que receber um convite, responda imediatamente para que seu anfitrião tenha tempo para saber quantas pessoas vai de fato receber.

Isso não significa que você não possa convidar uma pessoa em cima da hora quando ela é muito íntima. Seja franco, diga que você gostaria muito de vê-la e, se for realmente um amigo e estiver disponível, não há razão para recusas.

Se não tiver condições de oferecer comida e bebida para todo mundo, diga logo na hora do convite que é uma festa de adesão, que cada um tem de levar uma coisa. Procure listar quem você vai convidar e anote ao lado o que pediu para quem. Isso evitará, por exemplo, que sobrem refrigerantes e cerveja e faltem salgadinhos, ou vice-versa.

Sua festa reflete seu humor, seu jeito de ser, sua generosidade. Se você for receber pessoas em casa, algumas providências são necessárias para na hora H a casa não virar um mafuá.

- Arrume espaço para casacos, bolsas e guarda-chuvas.
- Verifique se há toalhas de mão, sabonetinhos e papel higiênico no banheiro.
- Deixe um rolo extra se forem muitas pessoas.
- Verifique se há lugar para todo mundo sentar, caso a festa seja para bater papo e não só para dançar.

PERGUNTA CABELUDA

Você é alérgica a cachorros e esqueceu o remédio em casa. O que fazer quando chega numa festa e dois chihuahua correm ao seu encontro? Tem vontade de esganá-los, sair correndo, ou tentar uma solução alternativa?

RESPOSTA – A melhor resposta é perguntar aos donos da casa se eles têm algum antialérgico. Resposta negativa, peça que alguém a acompanhe à farmácia mais próxima. Mas, se a sua casa não for muito longe, o melhor mesmo é ir buscar logo seu remédio antes que seja tarde demais.

- Muitas vezes dá para colocar mesas e cadeiras extras na varanda. É só alugar ou pedir emprestado a um amigo.
- Se tiver alguma cadeira quebrada, é melhor retirá-la para evitar acidentes desagradáveis.
- Caso apareçam muitas pessoas desconhecidas, tranque a porta do seu quarto ou do seu armário para evitar surpresas desagradáveis.

RECEBENDO UM AMIGO

Sua casa hoje parece diferente. Sua amiga chegou para passar o final de semana e por dois dias a rotina de sua *home sweet home* estará alterada. O mais importante, no caso de você ser a dona da casa, é fazer seu hóspede se sentir confortável. Assim, ofereça-lhe o melhor lugar à mesa, peça para os outros membros da família não demorarem no banheiro pela manhã – se só tiver um em casa – e descubra o que ela gosta de comer para não dar mancada.

Se você é o convidado, procure levar um presentinho para seu amigo ou os donos da casa. Algo informal, que tanto pode ser uma barra de chocolate, um quilo de uva, sabonetes para o lavabo, apenas um mimo para agradar e se fazer amável.

O QUE FAZER PARA SER UM BOM HÓSPEDE

Depois de arrumar sua roupa no quarto do amigo, veja o que ele pretende fazer e acompanhe-o. Caso use copos, pratos ou talheres, lave-os logo depois.

Evite mexer na geladeira ou nos armários, a menos que seja convidado pelo dono da casa.

Espere as pessoas oferecerem lanche ou ser chamado à mesa para uma refeição maior.

Quando for usar o banheiro, tente não mexer nos objetos pessoais dos donos da casa.

Cada pessoa tem um hábito diferente, procure respeitar os da casa. Há os que gostam de tomar banho de manhã, outros depois do café da manhã e, como você é convidado, deve ficar sempre por último. Peça para seu amigo avisar quando você pode tomar banho e, se ele não lhe oferecer, peça toalhas. Antes de se molhar, pense onde vai se enxugar depois, para não molhar todo o banheiro.

Na hora que for ao banheiro, leve sua bolsa com os objetos de toalete – escova de dentes, pasta, xampu – e quando acabar de usá-los leve de volta ao quarto designado para você. Caso tenha esquecido xampu em casa, pergunte ao seu amigo se pode usar os que estão no banheiro – principalmente se eles estiverem no final.

Se você estiver dividindo um quarto com seu amigo, lembre-se:
- Deixe sua roupa sempre arrumada.
- Se o seu amigo quiser dormir antes de você, não ligue o rádio ou a televisão alto para não o aborrecer.
- Procure se vestir logo ao acordar e deixe-o sozinho na hora que ele for se arrumar.
- Se o hábito da casa for arrumar a cama pela manhã, arrume a sua.
- Caso saiba cozinhar, ofereça-se um dia para preparar uma "receita" especial, que pode ser uma farofinha ou uma limonada.

O QUE FAZER PARA SER UM BOM ANFITRIÃO

O mais importante é que você deve fazer seu convidado se sentir em casa. Não importa quão íntima seja a pessoa, um convidado deve ser tratado com o maior respeito.
- Primeiro limpe bem o lugar onde ele vai ficar.
- Depois selecione um lugar no armário para que ele arrume as suas coisas.
- Coloque lençóis novos na cama onde ele vai ficar.

- Separe toalhas só para ele.
- Quando for ao supermercado, compre lanchinhos.

QUANDO O CONVIDADO CHEGAR

- Apresente-o aos outros membros da família e explique como funciona a casa, pergunte se ele não quer comer ou beber algo.
- Leve-o ao quarto de dormir e mostre onde está o armário e onde ele pode colocar suas coisas.
- Se perceber que ele está cansado, convença-o a descansar um pouco.
- Na hora do almoço e do jantar, cuide para que ele coma bem e sirva-o sempre que perceber que ele gostou e só não repete porque está com vergonha de pedir mais.
- Procure não discutir na sua presença, nem brigar como costuma fazer com seu irmão.
- Diga logo a ele quais são as "regras" da casa para não se desapontar sem querer.

LIDANDO COM SITUAÇÕES DIFÍCEIS

Há situações que por si só já indicam que é preciso tato para não magoar os que nos cercam, e nessas horas é bom parar para refletir como ajudar. Mandar um cartão às vezes alivia e conforta quem recebe, além de ser ponto garantido quando se está interessado em alguém.

Já as drogas são sempre um bode. Mas tudo depende de como a família vai reagir ao descobrir que o filho está fumando um baseado ou andando com uma turma esquisita. Em qualquer caso, a primeira indicação é conversar. São inúmeros os amigos que depois de muito papo acabaram convencendo os filhos a deixar de lado o vício quando ele ainda não era definitivo.

Em relação à morte de um amigo ou parente e também à separação dos pais a indicação é a mesma. Procure conversar com os amigos mais próximos, sempre vai ter alguém para lhe ajudar a descobrir como se comportar.

CARTÕES DE PARABÉNS E DE CONDOLÊNCIAS

Uma coisa é certa. Quando um amigo está passando por uma situação difícil não custa ser gentil mandando uma palavrinha amiga, muitas vezes mais eficaz do que uma visita embaraçada.

Cartões de parabéns no aniversário, depois de uma festa legal, quando se conheceu alguém que marcou uma presença forte, são essenciais. Bote a cabeça para funcionar e lembre do que seu amigo (a) gosta mais. Passe numa papelaria e escolha um cartão bonito – hoje são dezenas as opções – e mande para ele com um alô solidário.

Você vai ver. Sempre funciona bem demais.
Alguns exemplos:

1. de condolências

Marcos,

Fiquei arrasado quando soube da notícia. Quero que você saiba que estou ao seu lado para o que precisar. Me ligue.

Força,
Paulo

2. de aniversário

Querida Paulinha.

Mais um ano. Que a gente possa estar juntas nos próximos. Mil beijos e a minha amizade.

Bárbara

3. de paixão

Clarice,

Foi bárbaro te conhecer na festa do Sandro. Vou torcer pra gente continuar a sair e pintar um clima legal.

Beijão,
Marcos

DROGAS

Nessa área só uma coisa é certa: se você é adolescente, em algum momento terá de optar entre consumir ou não drogas.

Convenhamos, pode até dar um barato instantâneo, mas a situação está tão ligada a baixo astral que não dá para refrescar quando se toca nesse assunto.

Geralmente quem está nessa vai sempre tentar convencê-lo a entrar também. São pessoas solitárias, à espera de alguém com quem dividir angústias, e encontram na droga uma maneira de fugir dos problemas.

Algumas vezes a pressão é tanta que o mais importante passa a ser experimentar a droga para conservar o amigo. É um momento delicado, mas o essencial é manter a cabeça funcionando e entender que o que está em jogo é seu corpo e sua mente. Ao se drogar, você não trará qualquer benefício para si mesmo.

Em algumas famílias os filhos procuram convencer os pais a experimentar drogas com eles. Há os que aceitam e depois conseguem controlar os excessos – o critério é muito pessoal. O mais comum é essa atitude não resolver nada.

Geralmente a opção por drogas na adolescência significa a perda de amigos, dificuldade para pensar, acidentes, problemas com a polícia. O preço a pagar é tão alto que supera o do "barato" que a droga possa trazer.

Se você pressentir que um amigo está se drogando, tente conversar com ele sobre o assunto. Caso ele não queira falar, não insista, mas procure demonstrar que está disponível para um papo.

DOENÇA E MORTE

Quando há algum doente em casa, todos ficam estressados, mal–humorados, sem vontade de sair, se expressar, encontrar amigos. Nestas horas precisamos demonstrar aos mais íntimos que somos realmente amigos.

Não é bom insistir em acompanhar um doente ao hospital. Só faça visitas se tiver certeza de que será bem recebido.

Muitas vezes as pessoas preferem ficar quietinhas no hospital, sem visitas por perto. De qualquer forma, caso aconteça algo com um amigo muito íntimo, procure-o logo e faça-o sentir que está à disposição dele.

Muita gente fica deprimida ao entrar em um hospital e ver pessoas sofrendo, cercadas de problemas. Mas, se o seu amigo está precisando de você, esqueça o medo de circular por um ambiente triste e visite-o sempre. Se não for possível, telefone todos os dias.

Quando se está doente, sentir que há um amigo por perto traz sempre conforto.

Se puder leve um presentinho para agradar seu amigo quando for visitá-lo. Um doce, uma revista, umas flores, uma lembrancinha qualquer. Ele vai adorar.

A morte de uma pessoa da família acontece de repente e todos ficam sem saber o que fazer. É difícil lidar com uma notícia dessas, enfrentar uma situação nova, mas, passado o susto inicial, procure deixar claro que você está disponível para o que for necessário.

Mande um cartãozinho manifestando seu pesar, umas flores. A família vai gostar de saber que você se importa em estar presente nesse momento de dor.

E chore tudo que tiver vontade, sem medo de parecer manteiga derretida demais. Depois que a gente chora, a dor parece menos intensa e aos poucos vai sendo substituída pela saudade e pelas lembranças dos bons momentos que passamos com quem se foi.

SEPARAÇÃO DOS PAIS

Quando pinta esse tipo de situação, não há amizade que resista. Há sempre um estremecimento provocado pela parte que perdeu a referência de ter pai e mãe juntos.

Também não é para menos. Toda rotina da casa é alterada, geralmente há uma disputa para ver quem vai ficar com os filhos. Os primeiros tempos são aflitivos. Seu amigo terá de refazer toda a sua vida. Convenhamos, não é fácil.

Evite tomar partido do pai ou da mãe do seu amigo. Procure ficar eqüidistante. Você pode magoar a família emitindo sua opinião.

De qualquer forma, o mais sensato é oferecer sua ajuda caso ele necessite. E procurar demonstrar sua amizade, para que ele(a) não se sinta mais abandonado.

BOAS MANEIRAS COM SEU CORPO

Nem sempre é fácil lidar com o nosso corpo. Até porque as mudanças estão acontecendo a cada minuto. O tempo gasto defronte do espelho até parece uma eternidade. Aos poucos a gente vai criando intimidade, sabendo como funciona, o que é preciso fazer para se manter saudável. E cuidar da higiene íntima é fundamental.

A primeira providência para as meninas, quando decidem iniciar sua vida sexual, é procurar um ginecologista e se informar sobre as diversas questões relacionadas com o seu corpo e a sexualidade como higiene corporal, alimentação, menstruação, período fértil, prevenção de doenças sexualmente transmissíveis, métodos anticoncepcionais. Devem também obter esclarecimentos gerais sobre os perigos da gravidez e práticas sexuais saudáveis.

Tomando esses cuidados, você estará demonstrando que gosta de você, e que seu corpo merece sua atenção, primeiro passo para se dar bem com os outros.

Os meninos também têm suas dúvidas e devem ir a um urologista para saber do ponto de vista masculino o que deve ser feito para evitar problemas. Não vale o balcão de qualquer farmácia. Procurem se informar melhor.

Por ser a maior preocupação da vida sexual, a anticoncepção exigirá bastante responsabilidade da parte da mulher. Mas a contribuição dos meninos é fundamental para que tudo dê certo.

Em relação à prevenção da gravidez o mais comum é o ginecologista indicar a pílula anticoncepcional, desde que não haja nenhuma contra-indicação. Além de ser 100% segura – se usada conforme recomendação médica –, as pílulas hoje trazem mais benefícios que problemas para a saúde da mulher.

Na escalada rumo ao prazer e ao sexo seguro, uma das primeiras práticas amorosas com a qual aprendemos a lidar é o beijo.

DO PRIMEIRO BEIJO NINGUÉM ESQUECE

E do primeiro beijo na boca ninguém se esquece. Se não pelo beijo em si – às vezes por timidez ele acaba sendo bobo demais –, mas pela lembrança do garoto ou da garota que nos iniciou nesse gostoso hábito.

O prazer de conhecer o outro, de descobrir a delícia que é sentir outros lábios se aproximando, as mexidinhas com a língua, a falta de ar

---

CASCA DE BANANA

Joana tinha quinze anos quando começou a namorar o Marcos. Ela nunca tinha ficado com ninguém. Nem mesmo beijo na boca conhecia. Até o dia em que encontrou Marquinhos. Foi paixão à primeira vista.

O que mais marcou no namoro da Joana com o Marquinhos, e que ela sempre conta com cara de sapeca, foi o vexame do primeiro beijo.

Ela estava mascando chiclete quando deu aquela vontade. Os dois se engasgaram com aquela pastinha gosmenta que grudava na língua dela e na dele e era difícil de tirar. Foi só daquela vez, mas deu o que falar!

SOLUÇÃO – Daí em diante a Joana descobriu que beijo na boca com chiclete até que pode, embora cuspir fora antes seja mais garantido!

e o desejo de perder o fôlego, exatamente como a gente vê no cinema e na televisão... É uma sensação deliciosa. Bárbara.

O primeiro beijo merece toda a nossa dedicação para ficar marcado na memória. Mas nem sempre ele acontece como manda o figurino. E aí, o que se pode fazer?

Divertir-se ao lembrar dele pode ser uma boa opção.

ATENÇÃO COM O SEXO

O prazer de acariciar as partes íntimas e mais sensíveis para se sentir e descobrir o corpo evolui na adolescência, em razão das transformações hormonais que começam a atuar no organismo. Surge a vontade de estar com o sexo oposto, a necessidade de saber como o próprio corpo funciona frente a esses desejos e impulsos novos, e como o corpo da outra pessoa vai reagir.

Ao perceber que sentem desejo, os adolescentes ficam tão aflitos que muitas vezes se tornam arredios, passam horas trancados no quarto se descobrindo. Ou saem em bandos e voltam para casa de madrugada, evitando contato com os pais. Até surgir aquele (a) namorado (a) firme e tudo entrar ou sair dos eixos.

PERGUNTA CABELUDA

Por que a gente de repente sente tesão e vontade de se masturbar?

RESPOSTA – A partir da adolescência, os hormônios sexuais produzidos pelos ovários das meninas (estrogênios) e pelos testículos dos meninos (androgênios) atingem o cérebro e estimulam o interesse pelo sexo oposto. A essas descargas hormonais chamamos tesão ou libido.

O estágio de vida que o adolescente enfrenta é que determina como ele reagirá ao tesão – que tanto pode ser pela masturbação ou pela relação sexual com um (a) parceiro (a).

Antigamente os livros médicos diziam que a masturbação trazia complicações psicológicas, fazia crescer pêlos nas mãos, revelava um caráter fraco.

Hoje em dia todo mundo sabe que a masturbação é uma das etapas do desenvolvimento da sexualidade. É uma prática saudável, quando não se torna excessiva, é claro.

Mas, veja bem, quando der aquela vontade, ninguém precisa ficar sabendo. Tranque a porta do seu quarto ou do banheiro. Os meninos devem se lavar para não deixar tudo lambuzado após a ejaculação.

Não é necessário constranger seus pais, irmãos ou amigos. Privacidade é a coisa mais indicada nesses momentos. O prazer, se você não está acompanhado, deve ser exclusivo e pessoal.

E aí, você cresceu. Cuidar de seu corpo e da sua higiene íntima é fundamental para não ser alvo de doenças sexualmente transmissíveis e, principalmente, para não se contaminar com a Aids, a grande praga dos anos 90.

Os meninos dão bandeira com mais facilidade quando se masturbam com freqüência, porque ficam vermelhos, suados e com olheiras profundas.

> **CASCA DE BANANA**
>
> Você está sozinho no quarto muito à vontade conhecendo seu corpo e curtindo novas sensações, quando de repente entra sua mãe ou seu pai e fica aquele pesadelo no ar.
>
> **RESPOSTA** – Você pede desculpas pelo mico e garante que nunca mais se esquecerá de trancar a porta quando estiver nessa situação.

A PRIMEIRA VEZ

Não existem regras quando se fala na primeira vez. Quando chega o momento de transar, a pessoa sabe sem que ninguém precise falar. Talvez uma sensação comum a todos nesse momento – tanto meninos quanto meninas – seja a de uma terrível angústia, ou insegurança, que será maior ou menor de acordo com o grau de conhecimento prévio do casal, fundamental para que a relação sexual aconteça de forma satisfatória.

Uma das melhores dicas para iniciar a vida sexual sem problemas é conhecer profundamente o parceiro – seus hábitos, a turma com que anda, se tem contato com drogas, com quem se relaciona, para na hora H não se decepcionar. Uma conversa sem pressa ajuda a evitar problemas e constrangimentos.

A prática sexual parece mais saudável quando o sexo é praticado com prazer e alegria, sem dor, ou constrangimento.

E sexo com prazer só acontece quando o parceiro respeita nossos desejos e com carinho nos leva a experimentar novas sensações.

A camisinha, companheira indispensável – Gente, e a camisinha? Que bode que é convencer os garotos a usar. É legal a gente ter na bolsa para quando precisar? Claro. Não somente uma, mas várias. Se ele não quer usar, como fazer para convencê-lo? Se ela arrebentar na hora, como será?

PERGUNTA CABELUDA

Por que uma virgem está mais exposta à Aids na sua primeira relação sexual?

RESPOSTA – Antes da primeira relação sexual as meninas têm na entrada da vagina uma membrana – o hímen – que é o símbolo da virgindade.

No seu primeiro contato sexual, essa membrana, ao ser rompida pelo pênis, pode provocar um sangramento e uma exposição dos pequenos vasos.

Caso o parceiro esteja contaminado pelo vírus da Aids e não use a camisinha, o seu sêmen, em contato com essa zona de sangramento exposta, facilitará a contaminação e a entrada do vírus no organismo da menina.

> **CASCA DE BANANA**
>
> O namorado está fazendo a maior pressão para você transar. Diz que todo mundo que se ama já dormiu junto, que você precisa provar que gosta dele, que, se não pintar agora, ele vai dar um tempo e nunca mais.
>
> **SOLUÇÃO** – Sei não, acho melhor você não se impressionar com essas insinuações. Se o namorado tem boas intenções e gosta mesmo de você, ele vai saber esperar a hora certa. Quando chegar a sua hora, você vai saber e ter certeza. Sexualidade só com responsabilidade.

A Mariana tem uma história legal pra contar sobre a camisinha. Ela reconhece que foi uma complicação para ela se acostumar com a idéia de pedir ao namorado para usar.

Ela não agüentava mais ouvir falar nos perigos da Aids. Mariana acabava aceitando transar desprotegida, torcendo para que tudo desse certo. Uma loteria. Até o dia em que pegou uma coceirinha chata e teve de se tratar.

Era uma infecção provocada por uma micose ou fungo, a candida, que demora para sarar.

Existem várias infecções sexuais provocadas por microrganismos, chatas de curar, e que podem causar ardência, coceira ou corrimento. Caso esses sintomas apareçam, é preciso procurar um médico imediatamente.

Mariana gostou tanto do que ouviu da médica que decidiu passar adiante o que aprendeu para ninguém mais se chatear na hora de pedir para o gato usar a camisinha.

As dicas da Mariana são fáceis de seguir.

Vejam se concordam:

1. Tenha sempre na bolsa uma camisinha ou duas. Pode parecer exagero, mas é sempre melhor ter uma sobressalente em caso da primeira estourar.

É mais barato que uma entrada de cinema e salva a gente de frias fenomenais.

> **PERGUNTA CABELUDA**
>
> Um menino pode pegar a Aids com uma prostituta na sua primeira relação sexual se ela estiver contaminada?
>
> **RESPOSTA** – Se ele estiver usando a camisinha é pouco provável. Geralmente é o homem contaminado que transmite o vírus para a mulher.
>
> Mas a preocupação não deve ser só com o vírus da Aids. Existem outras doenças sexualmente transmissíveis de grande perigo para a saúde do homem e da mulher – como o vírus da herpes e o da verruga genital, o papiloma — hoje responsáveis pelo câncer do colo do útero. Daí o uso da camisinha ser tão importante, uma vez que também previne todas as doenças sexualmente transmissíveis e a Aids.

2. Não seja explícita demais ao falar da camisinha quando sair com o namorado e sentir que vão transar. Toque no assunto com delicadeza e firmeza para que o parceiro perceba que, apesar do tesão, você é responsável e sabe que o sexo só é seguro com camisinha.

3. Se ele resistir, conte todas aquelas histórias horríveis de que você já ouviu falar, sem deixar morrer o clima de tesão que está no ar.

4. Importantérrimo: dê um xeque-mate no seu parceiro. Se ele não usar a camisinha, não há chance de vocês transarem. Pule fora. Sua vida é muito mais importante.

5. Quando acabar a transação, ele ou você devem retirá-la cuidadosamente, dar um nó e jogar fora. Não se pode deixar que o líquido que está dentro escorra e penetre no seu corpo. Outra coisa: camisinha não é retornável. Só se usa uma vez. De preferência depois da transa jogue a camisinha na lata do lixo embrulhada no papel higiênico. No vaso sanitário pode entupir, já que ela é de borracha.

PERGUNTA CABELUDA

E se na hora que eu tiver com uma menina não conseguir transar?

O importante é relaxar e entender que muitas vezes uma boa performance sexual independe de a pessoa querer ou não. Há fatores hormonais, fisiológicos e psicológicos em jogo. Se acontecer uma vez de você não conseguir, relaxe, espere um pouco, converse mais ou continue trocando carinhos e carícias. Existem outras formas de se chegar lá. E a vida continua, com muitas outras chances surgindo, sem maiores vacilos.

BINGO!

**Se você chegou até aqui e gostou do que leu, aprendeu alguma coisa e deu algumas risadas, ótimo. Era esse o objetivo do livro.
A intenção não foi a de ditar regras e sim facilitar a vida de todo mundo a partir da experiência de quem, depois de muitas gafes, aprendeu a viver melhor.**

Este livro foi composto pela
Art Line Produções Gráficas Ltda.
Rua Visconde de Inhaúma, 64 - Centro - RJ
e impresso na Editora JPA Ltda.
Av. Brasil, 10.600 - Rio de Janeiro - RJ
em dezembro de 1998,
para a Editora Rocco Ltda.